Gütersloher Taschenbücher / Siebenstern 1296

Eugen Drewermann
Jürgen Jeziorowski

Gespräche über die Angst

Gütersloher Verlagshaus
Gerd Mohn

Originalausgabe

Die Deutsche Bibliothek – CIP-Einheitsaufnahme

Drewermann, Eugen:
Gespräche über die Angst: Eugen Drewermann; Jürgen Jeziorowski. – Orig.-Ausgabe., 2. Auflage. (7.–14. Tsd. – Gütersloh: Gütersloher Verl.-Haus Mohn, 1991
(Gütersloher Taschenbücher Siebenstern; 1296)
ISBN 3-579-01296-7
NE: Jeziorowski, Jürgen:; GT

ISBN 3-579-01296-7
2. Auflage (7.–14. Tsd.), 1991

Umschlaggestaltung: Dieter Rehder, Kelmis/Belgien, unter Verwendung eines Ausschnitts aus dem Triptychon »Das jüngste Gericht« von Hieronymus Bosch (Foto: ARTOTHEK Kunstdia-Archiv Jürgen Hinrichs, Peissenberg).
Gesamtherstellung: Clausen & Bosse, Leck
Printed in Germany

Inhalt

Gespräche über die Angst
Vorbemerkungen von Jürgen Jeziorowski

»In der Welt habt ihr Angst, aber seid getrost, ich habe die Welt überwunden.«
(Johannes 16,33)

Bei dem Versuch, einen gemeinsamen Nenner zu finden bei der Deutung menschlicher Existenz in der Gegenwart, landet man auffallend schnell bei dem Begriff Angst. Eine realistische Anthropologie läßt sich dabei beraten aus der Tiefenpsychologie, aus der Existenzphilosophie und auch aus der Theologie. Es ist nicht wahr, so meine ich, daß es generell nur noch diffuse, willkürliche Aussagen ohne jeden Deutungszusammenhang über menschliche Existenz am Ende des 20. Jahrhunderts gäbe. Unter dem Stichwort *Angst* lassen sich auch heute gültige, plausible, übergreifende anthropologische Aussagen finden.
Der moderne Mensch, geprägt von der Aufklärung und vom wissenschaftlichen Fortschritt, kennt elementare Lebensängste, die mit zunehmendem Fortschritt zu wachsen scheinen. Mitten in äußerlich reichen, sozial hoch gesicherten Gesellschaften nehmen psychische Erkrankung,

Vereinsamung, soziale Kälte und der Trend zur Selbsttötung zu. Die Sprengkraft einer wachsenden Alterspyramide in den reichen Industriestaaten der nördlichen Erdhälfte wird bisher psychologisch und sozial unterschätzt. Die Flucht einer Leistungsgesellschaft in die Drogenwelt wird viel zu isoliert gesehen und ebenfalls unterbewertet. Die geistige Verödung trotz Dauerberieselung aus den modernen Massenmedien wird als Gefahr noch kaum geahnt.

Menschen werden geplagt von vielfach unerkannten Ängsten. Ein paar Symptome werden wohl mitunter genannt: wachsende Vereinsamung, Verlust menschlicher Beziehungen, wachsende Bindungsunfähigkeit, Zerstörung der Mitwelt, Erschöpfung einer vielfach bedrohten Schöpfung, Verlust von Lebenssinn, wachsende Verarmung der Zweidrittel-Welt und zunehmender Terrorismus. Informationen wären an sich reichlich zu haben. Es fehlt dann mitunter doch an überzeugenden anthropologischen Deutungen in einem plausiblen Sinnzusammenhang. Die größten Probleme der Gegenwart liegen im Fehlen eines realistischen, ethisch relevanten Menschenbildes. Die Kirchen treiben Verrat an ihrer Botschaft, wenn sie zu diesem Defizit schweigen. Die Kirchen hätten gerade hier den Menschen zu helfen, statt zusätzliche Lasten und Ängste zu erzeugen. Gerade die Kirchen sollten etwas davon wissen, daß der Mensch jenseits des Glaubens in seiner Angst letztlich wenig zu lachen hat, daß Angst ansteckt, permanent wächst und zunehmend böse macht. Die Sisyphusarbeit einer Selbsterlösung aus der Angst führt den leidenden Menschen immer tiefer in den Abgrund. Eugen Drewermann drückt das so aus:

»Das Böse entfaltet sich gerade in dem Maße, in dem es überwunden werden soll.« (»Strukturen«, Band I, S. 314)

In der Sackgasse von Angst und Verzweiflung kann Leben nicht gelingen. Der Mensch wird zunehmend unfähig, angstfrei zu leben. Wer nicht leben kann, verliert dann auch die Kunst des Sterbens: »Man kann nicht sterben, weil man nie gelebt hat, und lebt doch nie wirklich aus Angst vor dem Sterben. So erfährt... der Mensch seine Zeitlichkeit aus eigener Schuld in seiner Angst, die zu seiner Freiheit gehört, die Gott aus den Augen verloren hat.« (Drewermann in »Strukturen des Bösen«, Band III, S. 447)

Der Versuch eines Gespräches über Formen der Angst mit dem Theologen und Psychotherapeuten aus Paderborn geschieht hier in drei Schritten. In der Mitte dieses Buches steht eine Unterhaltung mit Drewermann, die im Sommer 1990 unter dem Stichwort »Im Getto gnadenloser Angst« eigens für dieses Sachbuch aufgezeichnet wurde. Es folgt ein Interview mit den Lutherischen Monatsheften: »Erlösung aus der Angst«. Im dritten Teil wird eine Abrundung versucht: »Im Dialog mit dem Protestantismus«. Dieses abschließende Gespräch war ursprünglich für den Bayerischen Rundfunk geführt worden.

Die Auseinandersetzung mit dem römisch-katholischen Theologen Drewermann läuft schon seit einiger Zeit. Der neue Akzent dieses Sachbuchs liegt in der Beschränkung des Dialogs auf einige evangelische Fragen und Positionen, wobei der Kontakt zu Luther besonders interessiert.

Der Streit um Drewermann geht natürlich alle Traditionen der abendländischen Theologie an, wobei die sporadische Begegnung mit Martin Luther einige besonders spannende Momente enthalten dürfte. Seine eigene Kirche tut sich mit dem unbequemen Priester nicht nur leicht, obwohl die Phase der Gerüchte, der Verleumdungen und der Vorverurteilung eine erkennbare Unterbrechung zu erfahren scheint. Nach einer langen, bösen Wartezeit des Nichtdialogs fand erst im Juli 1990 ein erstes gründliches, theologisches Gespräch zwischen dem Erzbischof Johannes Joachim Degenhardt von Paderborn und Drewermann statt. Über vier abgesteckte Themenkreise wurde mehr als sechs Stunden unter Beteiligung von sachkundigen Zeugen diskutiert. Es ergaben sich dabei soviel Annäherung und Verständigung, daß beide Seiten positiv überrascht waren und das auch offen zugeben konnten. Als einziger Vorwurf mußte erhalten bleiben, daß dieses Gespräch erst so spät angesetzt worden war. Sicher stehen noch Fragen ungeklärt im Raum, so daß weitere Gespräche notwendig sein werden. Es gibt aber bereits Indizien dafür, daß zusätzliche Klärungen zu erwarten sind, daß ein offizielles Lehrbeanstandungsverfahren durch konstruktive Gespräche überflüssig gemacht werden kann. Eine solche Wende wäre ein Segen für Theologie und Kirche. Für einige Mitglieder der Fuldaer Bischofskonferenz dürfte von Anfang an nur eine Klärung des Falles Drewermann in Richtung gründlicher theologischer Dialoge in Frage gekommen sein. Eine positive Entwicklung an den Fundamentalisten vorbei könnte letztlich für alle Kirchen nützlich sein, obwohl das letzte Wort in diesem Streit noch aussteht. Die Polemik gegen Drewermann mag dann punktuell noch weitergehen. Der zuständige Ortsbischof wählte jetzt bewußt den Weg des gründlichen theologischen Dialogs.

Vor kurzem waren noch ganz andere Töne zu hören. Sogar Fachkollegen haben sich an unqualifizierten Angriffen gegen Drewermann beteiligt. Darunter waren auch evangelische Theologen zu hören, unter deren Würde es zu liegen schien, sich hier hörbereit, ernsthaft und sachgerecht auseinanderzusetzen. Üble Verdächtigungen in Richtung Esoterik und New Age machten sich Luft.

Als ein negatives Beispiel aus der Publizistik sei hier noch der »Rheinische Merkur« angeführt. Der Mitherausgeber Otto B. Roegele schrieb in Nr. 1/1989 nach einem ZDF-Gespräch mit Drewermann u. a.: »Aus der gutbürgerlichen Sofaecke sprechend, führte er weder klerikales Habit noch auch nur das kleinste Kreuzlein am Anzug oder an der Wand vor, statt dessen im Laufe der Sendung fünf verschiedenfarbige Strickpullover. An der Wand allerlei Zeichen fernöstlicher Religionen, Buddha-Figürchen und ähnliches. Das Ambiente eines gepflegten Gurus im Eigenheim.«
Das ist ein treffendes Beispiel eines vorauseilenden, servilen Gehorsams contra Drewermann. Die Recherche für einen Vorverurteilten lief so genau, daß aus der bescheidenen Mietwohnung im 3. Stock eines Beton-Hochhauses das »Eigenheim... eines gepflegten Gurus« werden konnte. Drewermann war nicht einmal die Zuwendung einer normalen Recherche wert. Man hätte sicher einmal einen Besuch in Paderborn riskieren müssen. Das wäre mit ein paar Mühen verbunden gewesen, da dieser böse »Häretiker« nicht einmal ein Telefon besitzen will. Man hätte nach Paderborn fahren können und an der verkehrsreichen Straße einen Parkplatz suchen müssen. Unter den zahlreichen Klingelknöpfen hätte man den Namen »Drewermann« finden müssen. Der Fahrstuhl hätte die Distanz zum Tatort dieses schreibenden »Ungeheuers« überwunden. Man hätte dazu diesen freundlichen, sensiblen Priester in seiner wenig adäquaten Umgebung begrüßen können. Aus der Ferne läßt sich aber leichter schreiben und urteilen. Fern von der Realität lassen sich Verleumdung und Vorurteil besser pflegen und verkaufen. Der »Rheinische Merkur« hat sich bisher für solch primitive Publizistik nicht entschuldigt.

Die Auseinandersetzung mit dem Theologen aus Paderborn hat selbst viel mit Angst zu tun. Es wäre grotesk, wenn sein Kampf gegen die Angst doch noch auf autoritärem Weg institutioneller Angst gestört, gestoppt und zerstört werden würde. Freilich gibt es gerade bei einigen Medien noch immer Angst, sich sachgerecht und qualifiziert auf Drewermann einzulassen.

Wenn sich Medien in diesem Fall wieder gezielt auf Theologie und Kirche einstellen, dann ist generell Vorsicht geboten. Geht es nur um Spektakel? Gibt eine Kontroverse mit Mutter Kirche genügend Stoff? Lohnt es sich, auf Differenzen zwischen Tiefenpsychologie und Theologie überhaupt einzugehen? Journalisten im deutschen Sprachraum haben nach und nach den römisch-katholischen Theologen aus Paderborn entdeckt und gewürdigt. **DER SPIEGEL**, das **Deutsche Allgemeine Sonntagsblatt** und **DIE ZEIT**, Tages- und Wochenpresse, Talkshows und Hörfunk haben im Zusammenhang mit Drewermann wieder Raum für theologische Fragen. Der Querdenker aus Paderborn hat nachhaltig auf sich aufmerksam gemacht. Man wird auch in Zukunft von ihm und von seinen unkonventionellen Büchern lesen und hören.

Drewermann (50) ist seit 24 Jahren Priester, der Sonntag für Sonntag in St. Georg in Paderborn die Messe liest, die Bibel auslegt und predigt. An der Philosophisch-Theologischen Hochschule in Paderborn lehrt er als Privatdozent Systematische Theologie. Seine Bibelauslegung mit tiefenpsychologischem Werkzeug und mit Erfahrungen aus einer großen therapeutischen Praxis läßt aufhorchen. Umfangreiche Bücher hat er geschrieben, die Auskunft geben über den theologischen, philosophischen und psychologischen Hintergrund. Diese Bücher sind seine einzige Waffe gegen Angriffe aus Kirche, Wissenschaft und Publizistik.

Dabei arbeitet Drewermann auffallend produktiv – mitunter macht er es nicht unter 900 Seiten. Er schreibt fast schneller, als seine Kritiker lesen können.
Das jüngste Buch »Kleriker – Psychogramm eines Ideals« hat wiederum 900 Seiten. Vorausgingen u. a.: drei Bände »Strukturen des Bösen« (1750 Seiten), drei Bände »Psychoanalyse und Moraltheologie« (800 Seiten), zwei Bände »Tiefenpsychologie und Exegese« (1425 Seiten) und zwei Bände über das Markusevangelium mit 1452 Seiten. Viele kleinere Bücher, Streitschriften und die zahlreichen Märchendeutungen erreichten Auflagenzahlen im Bereich von Bestsellern.
Man muß zugeben: Drewermann macht es im Kampf gegen die Angst seinen Kritikern nicht gerade leicht. Im Vorbeigehen, im diagonalen Lesen und im vorauseilenden Gehorsam gegenüber einer unruhig werdenden Hierarchie dürfte kaum Klarheit gewonnen werden. Die qualifizierte Verankerung dieser theologischen Bücher in der Religionsgeschichte, in der Philosophie und in der Tiefenpsychologie verlangen auch vom Rezensenten etwas mehr als angelesene Allgemeinbildung, als exegetische Richtigkeiten, als dogmatische Formeln, als opportunes Kalkül.
Es kann noch größeren Streit um Drewermann geben, als das bisher punktuell in Erscheinung getreten ist. Die vorliegenden Bücher bieten genügend Stoff, eine weitere Scheidung der Geister zu beschleunigen. Schon heute gibt es neben respektvoller Anerkennung ängstliche Ablehnung, neben deutlicher Dankbarkeit harte Zurückweisung. Es wäre zu bequem, aus theologischen Problemen Disziplinar-Fragen zu machen. Die Kritik Drewermanns an Lehre und Praxis der römischen Kirche ließen sich so gerade nicht bewältigen. Von sich aus geht Drewermann dabei keinen Schritt aus seiner von der Angst gezeichneten

Kirche heraus. Er wird der Bischofskonferenz in Fulda noch einiges Kopfzerbrechen bereiten. Er wird auf klare Entscheidungen drängen, da er es ablehnt, sich »lebendig begraben« zu lassen. Predigtverbot, Bußschweigen, Lehr- und Schreibverbot würden bei diesem unbequemen, sensiblen Priester an die Substanz gehen. Als Provinzposse zwischen Ortsbischof und Privatdozent läßt sich dieser Fall längst nicht mehr kanalisieren. Das scheint auch Erzbischof Joachim Degenhardt zu ahnen.

Die theologischen Bücher aus Paderborn finden in hohen Auflagen ihre Leser. Anerkennung, Respekt und Dank stehen dicht neben Bedenken, Warnung und Angst. Es wird auch davon gesprochen, daß hier endlich die Theologie vom Kopf auf die Füße gestellt worden sei. Trotz aller Querverweise auf die Tiefenpsychologie bleibt hier die Bibel ein einzigartiges Buch in der gesamten Religionsgeschichte. Jesus nennt Drewermann im Zug seiner eigenwilligen Markus-Auslegung die rätselhafteste Gestalt der gesamten Menschheitsgeschichte. Die Bibel bietet dabei keine historischen Berichte. Es geht bei Markus z. B. um Zeugnisse von Menschen, die von Jesus betroffen waren. Drewermann interessiert sich so bei seiner Bibelexegese zuerst dafür, was in den Berichtenden selbst vorgegangen sein muß. Sein Matthäus-Kommentar, an dem er gerade exegetisch arbeitet, wird für weitere Überraschungen sorgen.

Gott bleibt – gut alttestamentlich – allemal unverfügbar: Gott kann nicht Teil der äußeren Natur und nicht nur Teil der Seele des Menschen sein. Mythen, Märchen, Sagen, Legenden, Bilder und Symbole führen bei der Exegese an Unverfügbares heran. Biblische Texte berichten von dem, was Menschen unbedingt angeht. Drewermann gelingt es, diese Texte neu zum Sprechen zu bringen. Die wörtliche

Übernahme der biblischen Berichte setzt nach Drewermann biblische Texte der Lächerlichkeit aus. Der fundamentalistische, naive Umgang mit der Bibel versperrt den Zugang zur biblischen Botschaft in der Gegenwart.

Der analytisch-therapeutisch gewonnene Zugang zur Heiligen Schrift öffnet neue Türen. Alte Texte werden jung, unverstandene Bilder werden plausibel entfaltet und verstummte Texte beginnen zu reden. Bilder und Symbole der Angst werden zunehmend erkennbar. Sünde und Angst rücken nahe zusammen. In vielen biblischen Texten wird die Befreiung aus der Angst als Hauptsatz herausgearbeitet. Worte von Heil und Heilung beginnen, neu zu sprechen und dabei zu heilen.

Drewermanns Bibelauslegung legt verschüttete Zugänge zum Zentrum des Evangeliums frei. Das gilt für die Hebräische Bibel und auch für das Neue Testament. Gott bleibt dabei das unverfügbare, liebende Gegenüber, das absolutes Vertrauen verdient. Der Mensch kann sich im Blick auf Jesus im Glauben fallen lassen. Er wird so aus der Angst befreit. Der Mensch erfährt Annahme, Geborgenheit, Rechtfertigung, Befreiung, Lebenssinn und Erlösung. Die Existenz- und Leistungsängste hören dabei auf, Menschen zu jagen und fertigzumachen. Diese befreiende Botschaft soll durch eine enge Begegnung von Tiefenpsychologie und Exegese neu zur Entfaltung kommen: von der Angst befreite Menschen hören auf, Angst zu machen, Geschlagene müssen nicht mehr schlagen, Gequälte hören auf zu quälen, Kranke machen nicht mehr krank, Neurotiker werden vom Zwang befreit, Mitmenschen aus Angst quälen zu müssen.

Drewermanns Bibelauslegung eröffnet damit neue Zugänge zur christlichen Ethik. Die schärfere Gangart seiner Bücher wirkt eher hilfreich als belastend. So kann selbst

sein behutsam und kritisch geschriebenes »Kleriker«-Buch trotz solidarischer Kritik an der Kirche gute Dienste leisten. Es spricht letztlich für die römische Kirche, daß in ihr so kritisch gearbeitet und frei publiziert werden kann.
Leise meldet sich der Vorwurf einer schleichenden Protestantisierung der Kirche Roms. Dabei hat Drewermann nur den notwendigen Versuch gewagt, protestantische Anfragen zeitversetzt in katholisches Denken zu integrieren. Da die Mutter-Kirche Martin Luthers dessen Anfragen bis heute noch nicht hinreichend aufgenommen hat, bekommt Drewermanns analytischer Ansatz zusätzlich ökumenisches Gewicht. Auch eine Großinstitution kann erleben, daß aus Angst verdrängte Probleme mit Wucht aus der Tiefe neu hervorkommen. Nicht bewältigte Anfragen aus der Reformationszeit melden sich auf Umwegen wieder: Kierkegaard, Nietzsche, Freud, Jung und Fromm. Das Konzil von Trient Mitte des 16. Jahrhunderts war Luther theologisch nicht gewachsen, obwohl es als seriöse, verspätete Antwort auf die Reformation gemeint war. Alte Fragen melden sich heute neu: Entdeckung des Individuums, Hinwendung zum Subjektiven, Einbruch des Personalen und Postulate individueller und sozialer Freiheit. Die Glaubensvermittlung geschieht dabei durch glaubwürdige persönliche Begegnung bei zunehmender Abwendung von dogmatisch starrer kirchlicher Belehrung.
Die lutherische Tradition muß sich an der Ablehnung gegen Drewermann nicht beteiligen. Sie könnte ihm vielmehr dankbar sein, weil es bisher gerade im Luthertum nicht gelungen ist, die alte Frage nach dem gnädigen Gott in das 20. und 21. Jahrhundert zu übersetzen. Der Umweg über eine Analyse der Angst könnte sich als ein direkter Zugang zur Rechtfertigung des Menschen erweisen. Bei

einer Analyse der Biographie Luthers werden sich auch kranke Anteile an Leben und Theologie dieses augustinischen Theologen ermitteln lassen. Eine Reaktion der Angst auf Entdeckungen produktiver Angst in der Reformationszeit wäre keine hilfreiche Antwort. Hier hat z. B. Erik Erikson (»Der junge Mann Luther – Eine psychoanalytische und historische Studie«, Reinbek 1970) schon vor Drewermann Verstehenshilfen aus der Tiefenpsychologie bereitgestellt. Lutherische Theologie wäre schlecht beraten, solche Deutungsangebote zu übergehen.

Die Kritik Drewermanns meint auch ungedeckte Autoritätsansprüche in den Kirchen der Reformation. In der evangelischen Tradition wird man auf diesen protestantischen Katholiken an der Nahtstelle zwischen Theologie und Tiefenpsychoanalyse sorgsamer achten müssen. Wenn Protestanten, selbst müde und ängstlich geworden, heute eher zur kirchlich-konfessionellen Selbstrechtfertigung neigen, haben sie auf kritische Katholiken erst recht zu hören. Ein Theologe wie Drewermann fordert zum Gespräch heraus. Angstfreier Dialog paßt zu diesem offenen Ansatz. Autoritäre Disziplinarmaßnahmen würden genau seine kritische Analyse aktuell bestätigen. Verbote des Lehrens, des Predigens oder gar des Schreibens wären für Kirche und Theologie extrem gefährlich. Die Abwendung von der Theologie und die weitere Auswanderung aus den Kirchen würden auf diese Weise befördert. Das kann keine Kirche ernsthaft wollen. Sei die Angst auch noch so groß.

1. Im Getto gnadenloser Angst

Das theologische Gespräch mit Eugen Drewermann wird in diesem Buch bewußt in Richtung der lutherischen Tradition gelenkt. Obwohl das Gesamtwerk des Paderborner Theologen inzwischen mehrere tausend Seiten umfaßt, blieben Dialog und Auseinandersetzung mit den Kirchen der Reformation relativ knapp. Jürgen Jeziorowski unterhielt sich im Sommer 1990 mehrfach ausführlich mit Drewermann über verschiedene Formen der Angst. Dabei wurden typisch lutherische Fragen ebenso berührt wie allgemein interessierende Probleme.

Der Dialog mit Martin Luther findet in diesem theologischen Werk eher implizit statt. Er hatte bisher keine zentrale Stellung eingenommen. Die umfangreiche Rezeption des dänischen Lutheraners Sören Kierkegaard als Mensch des 19. Jahrhunderts kann diesen Mangel nicht genügend ausgleichen. Das hier dokumentierte Gespräch geht auch der Frage nach, ob die Suche nach dem gnädigen Gott des Mönchs Martin Luther ebenfalls von Angst bestimmt war. Was bedeutet Rechtfertigung des Menschen vor Gott fast 500 Jahre nach der Reformation in einem vielfach veränderten Kontext? Wie müssen die Fragen nach dem gnädigen Gott, nach dem gnädigen Mitmenschen, nach dem Sinn des Lebens am Ende des 20. Jahrhunderts neu gestellt und präzise beantwortet werden? Gibt es Gnade im Getto moderner Angst? Was könnte Luthers »allein durch den Glauben« in einer veränderten Lebenssituation heißen? Wer befreit den vielfach geängsteten Zeitgenossen aus seinen Zwängen? Wie lassen sich neue Antworten auf alte Fragen verstehbar vermitteln? Ergeben sich für Verkündigung und Seelsorge neue Herausforderungen im Kampf gegen die lähmende Angst?

Drewermann über Martin Luther:
»Es war nicht möglich, dem Augustinermönch Luther zuzubilligen, daß die Angst, die er in sich fühlte, die Angst einer ganzen Zeit und eines ganzen Kontinents widerspiegelte; man war katholischerseits außerstande zu begreifen, daß die Infragestellungen des Daseins, von denen Luther sprach, durch keinerlei Gesetz oder Weisung beruhigt, sondern allenfalls vermehrt werden konnten. Es war unvermeidbar, daß Luthers Kritik an der Theologie seiner Zeit bald schon zu einer Kritik an den Klerikern der Kirche bzw. an dem Beamtenstatus des Klerikerseins geriet, doch es hat bis heute nicht den Anschein, als wenn man den eigentlichen Kern des protestantischen Protests gegenüber der römischen Form des Christentums in der katholischen Kirche verstanden hätte.«
(Kleriker, Seite 148)

»Selbst ein halbes Jahrtausend nach Martin Luther wissen wir im römischen Katholizismus immer noch nicht, was Angst ist, das heißt, wir, die Kleriker im Amt, ersparen uns die Angst, die es kostet, ein Individuum zu sein, indem wir uns an Institutionen und scheinbar objektive Garantien göttlichen Heils klammern, als ob sie uns erlaubterweise oder gar verpflichtetermaßen von dem Lastgewicht der eigenen Existenz erleichtern könnten.«
(Kleriker, Seite 149)

Jeziorowski: Originalton Drewermann: »Wie verlieren wir die Angst, bzw. wie finden wir den Weg zurück zum Garten Eden, das ist die alles entscheidende Frage, und sie steht im Mittelpunkt der meisten großen Religionen.« (»An den Grenzen des Lebens«, S. 210) Der moderne Mensch kennt vielfache Angst. Es gibt Angst vor dem Scheitern, Angst vor dem Leistungsabfall, Angst vor dem Alleinsein, Angst vor der Krankheit, Angst vor Schmerzen, vor Leiden, vor gescheiterter Beziehung, Angst vor Sinnlosigkeit, vor Verzweiflung, Angst vor dem Chaos und Angst vor dem Tod. Wie begegnet das Evangelium der Angst? Gibt es Gnade für den Geängstigten?
Drewermann: Ich glaube, daß eine einzige Angst im Untergrund der verschiedenen Angstformen zu finden ist. Sigmund Freud meinte einmal ganz richtig, der Satz, alle Angst sei Todesangst, sei viel zu allgemein und lasse sich jedenfalls nicht beweisen. Ihm schwebte vor, daß Angst schon beim kleinen Kind wesentlich darin besteht, den Verlust der Liebe seiner Mutter, der wesentlichen Kontaktperson, befürchten zu müssen. Wenn ein Mensch den Eindruck haben muß, daß er nicht mehr geliebt wird, dann

stürzt er in Sinnlosigkeit, Verzweiflung und Chaos. Sein Leben verwandelt sich in ein Dasein zum Tod. Nun müssen wir uns vorstellen, daß ein Kind genauso wie später der Erwachsene alles mögliche unternehmen wird, um sich so liebenswert zu machen als es irgend geht, um dieser Gefahr des Liebesverlustes entgegenzuwirken. Das kann dazu führen, daß man bedingungslos nur gut sein will und dabei im eigenen Herzen soviel verdrängen muß, soviel an Ungesagtem liegen läßt, soviel an Gefühlen entgegensetzen muß, daß am Ende neue Ängste entstehen. Die Angst kann dann darin ihren Kern gewinnen, daß das verdrängte und liegengelassene Material sich selber Bahn bricht und die Verdrängungsdecke durchstößt, dann wird ein Mensch sich selber unheimlich. Die Angst, die sich ursprünglich gegenüber der wesentlichen Kontaktperson auf den Liebesverlust richtete, wird jetzt zu einer Angst vor sich selber und vor den im eigenen Seelengrund schlummernden Möglichkeiten. Zudem müssen wir bedenken, daß die Angst vor dem Verlust der Liebe der Mutter auch einen ganz realen Hintergrund besitzt. Ein Kind ist in seiner vollkommenen Hilflosigkeit absolut angewiesen auf den Beistand der Mutter, so daß deren Abwesenheit alle möglichen realen Gefahren auf den Plan rufen würde.

An dieser Stelle ist auch Grund, darüber nachzudenken, daß wir aus der Herkunft der Evolution nicht vor beliebig vielen Möglichkeiten in der Realität draußen Angst haben, sondern nur über eine Handvoll von Grundszenen mit dem Angstsignal reagieren.

Mancher unserer Leser wird denken, wenn von Angst die Rede ist, beschreiben wir in sich selber schon ein Übel. Es ist zu betonen, daß biologisch die Angst einen hohen Überlebenswert mit sich bringt, indem sie zunächst einmal die Aufmerksamkeit lenkt, Aggressions- und Fluchttendenzen auf den Plan ruft, sinnvolle Abwehrmaßnahmen in Bereitstellung setzt, die auf der Ebene der Art im Verlauf der Stammesgeschichte gelernt wurden. Grundlegende Angstsituationen in der Realität draußen sind beispielsweise das Verhungern, das Abgetrenntwerden von der Herde, der Anblick eines Beutegreifers, die mögliche Gefahr, ausgestoßen zu werden bei Abweichung von den sozialen Normen der Gruppe, das heißt, geächtet zu werden als ein Schuldiger, und letztlich die Angst vor dem Elend, vor der Krankheit, vor dem Tod, vor der Endgültigkeit der Vernichtung. Ich glaube, daß dies der Punkt ist, wo die biblische Geschichte eigentlich ansetzt. Die Menschwerdung beginnt in dem Moment, wo es Lebewesen auf diesem Planeten gibt, die feststellen müssen, daß sie vor Gefahren im Feld der Angst so oft fliehen können, wie sie wollen; es wird am Ende die Gefahrensituation endgültig unentrinnbar sein. Wesen, die ihrer biologischen Situation auf dieser Welt bewußt werden, werden aufgrund ihrer erworbenen Vernunft, ihres Bewußtseins, die Angst verunendlichen. Sie werden wissen, daß sie dem Tod so oft von der Schippe laufen können, wie sie wollen, irgendwann wird der Tod sie einholen. Sie werden wissen, daß sie soviel Reichtümer sammeln können, wie sie wollen, irgendwann werden sie ganz arm sein. Sie werden wissen, daß sie sich so gut in acht nehmen können, als es nur irgend geht, irgendwann werden sie schuldig sein. All diese Ängste totalisieren sich und verunendlichen sich im menschlichen Bewußtsein. Darum, glaube ich, ist der Mensch das einzige Wesen, das zur Beruhigung der Angst, die es kostet, ein Mensch zu sein, ein Individuum zu sein, einer Antwort bedarf, die in der Biologie nicht mehr unterzubringen ist.

Jeziorowski: Aber er zieht sich nicht am eigenen Schopf aus der Angst? Bekommt er Hilfe von außen?

Drewermann: Es ist gerade dies das Unmögliche, auf die Angst, die zum menschlichen Bewußtsein gehört, mit eigenen Gegenmaßnahmen, wie sie sonst biologisch sinnvoll wären, noch zu antworten. Eben weil die Angst unendlich wird, wird das gesamte Konto der biologisch vorgesehenen Antworten bis ins Absurde überdehnt.
Nehmen wir als Beispiel die Angst vor der Aggressivität des anderen, die permanente Todesdrohung, die im Verlauf der menschlichen Geschichte nie abgenommen hat, sondern in der Überrüstung bis zum Wahnwitzigen hochgetrieben wurde. Wir verstehen, daß wir bei dieser Strategie der Angstsicherung durch die Gegendrohung in einen apokalyptischen Taumel geraten, in einen Wahnsinnszustand des Politischen. Wir begreifen, daß wir die Angst, zu verhungern, auf der Nordhalbkugel in einer Weise beantworten, die uns etwa das Fünffache des Notwendigen an Lebensmitteln zur Verfügung stellt, das im fünffachen Maße auf der Südhalbkugel fehlen muß. Wir schaffen Ungerechtigkeit und Gefahrenpotentiale, die wiederum politisch extrem schwer zu organisieren und zu verwalten sind. Aus all dem geht hervor, daß die Frage, warum der Mensch auf dieser Welt zu sein hat, sich nicht völlig immanent beantworten läßt, sondern eines transzendenten Bezugspunktes außerhalb der Welt bedarf, wie immer man ihn nennt, wie immer man ihn glaubt, wie immer man ihn religiös beschreibt.
Jeziorowski: Die Urängste des Menschen werden seit Jahrtausenden vielfach mit den Religionen in Verbindung gebracht, mit den Mythen, mit Symbolen, mit vielen Bildern, auch in der Bibel. Können die Texte der Bibel heute im Kampf gegen die Angst neu zu sprechen beginnen?
Drewermann: Eine Antwort wäre hier dialektisch zu gewinnen. Zum einen macht die Bibel den Menschen angst,

indem sie den Bezug zur Natur weitgehend zerstört. Vor allem das Alte Testament hat ein einziges großes Thema, den Kampf des Gottes der Offenbarung gegen die Götter der Mythen, mithin gegenüber den Religionsformen der Heiden. Wenn man Menschen die Sicherheit nimmt, die sie in ihren angestammten Naturreligionen gehabt haben, löst man zunächst einmal ein Maximum an Angst aus, insofern man den gegebenen kulturellen Bezug zerstört. Es ist sehr schwer zu sehen, wie sich das verantworten läßt. Auf der anderen Seite muß man aber auch begreifen, daß im Rahmen der Antworten, die in den Naturreligionen gegeben werden können, die Ambivalenz des Daseins nie überwunden wird. Man kommt aus dem Kreislauf von Geburt und Tod niemals endgültig heraus, so daß die größte Naturreligion, der Hinduismus, gleichzeitig auch einen Versuch darstellt, dem endlosen Kreislauf der Vergeblichkeit zu entkommen. Er steht dann an der Grenze zu Lösungsversuchen, die auch im Christentum eine große Rolle spielen. Auf der anderen Seite ist die große Leistung der biblischen Religion sicher darin zu sehen, die Vielzahl der Götter ersetzt zu haben durch ein einziges Gegenüber. Psychologisch ausgedrückt müßte man sagen, daß der Vielgötterglaube, der Polytheismus, einen psychischen Zustand widerspiegelt, in dem der Mensch auch in seinem Inneren in viele Teilkräfte, die sehr widersprüchlich sind und sich bekämpfen, zerrissen wird. Insofern ist es sehr viel wert, daß die Bibel Abstand davon nimmt, die innere Zerspaltenheit der menschlichen Psyche gewissermaßen in das Absolute hineinzuprojizieren und im Himmel wiederzufinden, was als Not schon auf der Erde erlebt wird. Die Bibel setzt den Gedanken, daß es eine Macht, einen Daseinsgrund, einen Ursprung von allem gäbe, der in sich einheitlich genug sei, um die Verwirrung, die Ambivalenz, die Widersprüchlichkeit des menschlichen Daseins überwinden zu können. Das ist ein enorm angstlindernder Faktor, wenn gegenüber dieser Macht im Hintergrund von allem eine Haltung des Vertrauens gefunden wird, nicht der neuerlichen Angst, nicht der neuerlichen Zerstörung, und das ist eigentlich die entscheidende Bedingung auch, um in einigermaßen organischer, nicht gewalttätiger Weise die Religion der außerbiblischen Kulturströmungen transformieren oder weiterentwickeln zu können zu diesem absoluten Kulturschritt, der vom Polytheismus zum Monotheismus hinführt.

Jeziorowski: Da werden die Texte der Bibel wieder neu zu sprechen beginnen?

Drewermann: Ich glaube, daß die Religion der Bibel nicht immer nur angstlindernd war. Sie hat auch in vielfachen Formen selber enorme Angst produziert. Ich denke daran, wie speziell im Christentum die Angst vor dem Satan, die Angst vor dem Fegefeuer, die Angst vor der Hölle, die Angst entsprechend vor der Sünde, also im letzten die Angst, endgültig aus der Hand eines liebenden Gottes herausfallen zu können, ganz analog zu der Angst eines kleinen Kindes, die Liebe seiner Mutter zu verlieren, in vielerlei Weisen ritualisiert, sakramentalisiert, perfektioniert werden konnte. Selbst auf dem Boden des Neuen Testamentes gibt es viele Aussagen, die zunächst einmal Angst forcieren. Ich sehe dafür allenfalls die Rechtfertigung darin, daß es mitunter nötig ist, einen Steppenbrand zu legen, um den schon vorhandenen Steppenbrand abzufangen, daß man mitunter gegen ein Übermaß von Angst nicht mehr anders ankommt, als indem man womöglich eine noch größere Angst erst einmal schafft, bis daß sich beides neutralisiert und wechselseitig beruhigt. Aber ich muß zugeben, daß die entsprechenden Texte im Neuen Testament aus dem Munde Jesu im Verlauf der Auslegungsgeschichte so eben nicht verstanden wurden. Man hat aus den Drohworten, aus den Mahnreden, aus den prophetischen, apokalyptischen Texten immer wieder ein ungeheueres Szenario gewonnen, um die Menschen einzuschüchtern und damit die Kirche wichtig zu machen als Institution, als heilbringende Macht sich selber zu etablieren.

Jeziorowski: Sie haben sich sehr vielfältig und ausführlich mit der Angst beschäftigt. Sie haben Angst und Aggression immer eng aufeinander bezogen. Sie reden auch davon, daß Angst böse macht. Angst macht krank. Angst macht vielleicht auch dumm. Gibt es empirische Belege für solche Zusammenhänge?

Drewermann: Man kann es zunächst, glaube ich, entwicklungsgeschichtlich belegen. Es läßt sich zeigen, daß wir als Menschen-Spezies im Verbund der Lebewesen die einzige Art auf diesem Globus sind, die es gelernt hat, aggressive Formen von Konkurrenz, von Konflikt, von Kräftemessen endgültig zu lösen und dabei den Tod als das letztgültige Instrumentar zur Ausschaltung eines gefährlichen Gegners heranzubilden und zu betreiben. Deswegen hat vor Jahren Nikotim Bergen einmal gesagt, er halte es für möglich, daß der Faktor der Aggressivität sich in der menschlichen Psyche rein evolutiv weit stärker verfestigt habe als in jeder anderen Spezies. Nehmen wir ein Beispiel: Wenn im Kommentkampf zwei Hirsche in der Brunstzeit miteinander um die Gunst eines Weibchens kämpfen, werden sie in aller Regel sich nicht zu töten suchen, sondern es wird das schwächere Tier aus dem Feld geschlagen und wird aus der Weitergabe des Genmaterials im Verlauf der Evolution jedenfalls an dieser Stelle ausscheiden. Aber als Individuum kann dieses Tier überleben.

Wir Menschen werden lernen müssen, daß ein geschlagener Gegner noch lange kein erschlagener Gegner ist. Er wird darüber nachdenken, unter welchen Bedingungen er verloren hat. Er hat nicht einfach ein naturgegebenes Geweih, sondern er verfügt über Waffen, die er selber hergestellt hat und die er also auch verbessern kann. Er wird seine Strategie künstlich besser organisieren können. Mit anderen Worten: Es gibt keine endgültige Beruhigung für denkende Menschen im Kampf mit denkenden Menschen. Die Angst findet scheinbar erst ihren Abschluß in der Tötung des Gegners. Dann erlebt man freilich, daß die Getöteten wiederkehren als die Strafgeister. Vor allem in den Stammesreligionen fürchtet man dann die Rache der Seelen der Getöteten und bekommt innerlich erneut Angst, es hört eigentlich nie wirklich auf. Das natürlich macht erneut aggressiv, zwingt zu Ritualen, die Angst zu bändigen. Diese neue Angst findet Eingang in viele Opferpraktiken der Religionsgeschichte. Das alles ist eine schwere Hypothek, die uns die Evolution mitgegeben hat. Psychoanalytisch kann man feststellen, daß Menschen im Augenblick von Angst aggressive Neigungen verspüren. Sie wollen sich wehren, sie müssen sich schützen, sie werden in die Alternative von Angriff oder Flucht gezwungen. Bis in die Ausschüttung des Hormonhaushaltes kann man dies zeigen, wie Adrenalin nur im Augenblick des Schreckens ausgeschüttet wird, wie der Blutkreislauf schneller wird, wie die Glykogen-Depots bereitgestellt werden, die Muskulatur also zu rascher Handlung befähigt wird. Eins von beiden wird jetzt passieren, entweder man stößt vor, um den Gegner in die Flucht zu schlagen, oder man wird selber die Flucht ergreifen. Mit anderen Worten: Die gesamte Biologie bis in den Organismus hinein hat eine ganze Reihe von Verfahren ersonnen, die uns zeigen, daß der Faktor Aggressivität in uns liegt und daß er über die Schwelle der Angst ausgelöst wird.

Jeziorowski: Noch einmal zu dem Stichwort *Angst* und *Krankheit*. Man kann hier folgende Begriffe zusammenordnen: statt Vertrauen Angst, statt Segen Fluch, statt Religion Depression, statt Geborgenheit Flucht, statt Paradies neues Chaos, statt Heimat Hölle... eine bodenlose Existenz, unstet, flüchtig auf dem Weg vom Staub zum Staub. Muß der gnadenlos geängstigte Mensch ohne Religion zwangsläufig krank werden?

Drewermann: Wenn mit krank ein Zustand gemeint ist, der sich medizinisch oder psychotherapeutisch entsprechend definieren läßt als ein unerträglich gewordenes subjektives Leid am organischen oder seelischen Zustand, dann muß das keinesfalls ausschließlich so verstanden werden, sondern die wirkliche Gefahr besteht darin, daß man Angst verdrängt, zum Beispiel, indem man sie anderen macht. Man verschiebt die Gefahr einfach von sich weg auf die anderen, macht sie leiden und hält sich selber subjektiv leidfrei. In diesem Fall erscheint man selber nicht als krank, dennoch aber bleibt man ein Mensch, der aus dem Gleichgewicht geraten ist. Insofern müßte ich ein Stückchen präziser sagen: Angst zu erleben als Mensch ohne ein absolutes personales Gegenüber, das die Angst beruhigen kann im Feld des Vertrauens, wird ein Mensch die eigene Freiheit, die eigene Individualität, die eigene Ungesichertheit des Daseins angesichts des Todes nicht aushalten können, sondern er wird versuchen, sich an Menschen, an Dinge, an Leistungen in einer Form zu klammern, daß er zum einen ständig in fiktive Sicherheiten hineinflüchtet, in gewissem Sinn permanent doppelbödig oder verlogen leben muß. Das geschieht, um sich eine Sicherheit vorzuspielen, die es nicht gibt. Zum anderen wird er auf die anderen angstauslösend wirken. Jemand, der ein Wertgefühl gegenüber der Angst der Minderwertigkeit aufbaut durch demonstrative Leistung, schüchtert den anderen im Feld der Konkurrenz ständig ein, macht ihm angst, minderwertig zu sein. Das genau sind die Themen, die das Neue Testament in der Botschaft Jesu beispielsweise immer wieder artikuliert, wenn es die Scheinsicherungen von Geld, von Leistung, von Macht, von Herrschaft in Frage stellt, um sie zu ersetzen durch ein ruhiges Vertrauen Gott gegenüber und der Wahrheit, als Mensch selber leben zu dürfen, weil bedingungslos angenommen in der Gnade Gottes.

Jeziorowski: Menschliche Existenz im Getto der Angst ohne Gott wird unerträglich. Auf der Flucht rettet sich der Verzweifelnde in unterschiedlich geräumige Sackgassen. Die Enge der Angst wird enger und enger. Welcher Ausweg bleibt für Menschen in Angst, der letztlich trägt?

Drewermann: Wenn wir akzeptieren, daß Angst im letzten ihren Ursprung im Bewußtsein des Menschen hat, dann gibt es nur eine Antwort, die aus dem Bewußtsein selber stammt, indem die Richtung dahin gelenkt wird, woher die Angst selber kommt. Wir sagten eingangs, daß Angst im wesentlichen darin besteht, daß ein Mensch seiner irdischen Existenz inne wird und begreift, daß es eine endgültige Sicherung unter den biologisch gegebenen Voraussetzungen nicht geben kann. Das Bewußtsein bricht den gesamten Rahmen der endlichen Daseinssicherungen auf und öffnet ein Feld der Unendlichkeit. Eben deswegen wird es für das menschliche Bewußtsein zur Überwindung der Angst nur das Feld des Unendlichen selber geben. Wenn die Personalität des Menschen die Quelle aller Angst ist, wird es eine Beruhigung dieser Angst nur geben, indem dieses Feld der Unendlichkeit selber als eine absolute Person gesetzt wird. Nur in deren Gegenüber kann ein Mensch als freies personales Wesen die Angst beruhigen, die es kostet, ein Individuum zu sein.

Ausweg aus der Angst

Jeziorowski: Noch einmal zu dem Stichwort *Ausweg aus der Angst*. Menschen suchen selbst, irgendwie herauszukommen. Es können Drogen sein, das kann Arbeitswut sein, der Rausch, auch der Suizid gehört hier sicher mit dazu. Welche Chancen sehen Sie hier für Seelsorge und Verkündigung? Wo sehen Sie den Hauptauftrag der Kirche in dieser Enge?
Drewermann: Zum einen zeigt sich einmal, wie schwer es uns fällt, wirklich auch nur zwölf oder 14 Stunden am Tag einigermaßen bewußt zu leben. Wir würden nicht so sehr in den Massenkonsum, in die Einebnung des Individuellen, in die Aushöhlung des bewußten Lebens durch mechanische Prozesse, durch die Verdampfung oder Verdumpfung des Bewußtseins durch Drogen, durch Alkohol, durch alle möglichen bewußtseinsdämpfenden Faktoren, die wir von außen her arrangieren, hineinzufliehen suchen, wenn nicht bewußt zu leben eine außerordentlich hohe psychische Energieleistung verlangte. Wir müssen zum anderen aber auch sagen, daß es für die konkrete Erfahrung viel zu allgemein gesprochen ist. Ich kann nur erneut unterstreichen, die Angst der Personalität beruhigt sich im Gegenüber der absoluten Personalität Gottes. Dabei erfahren wir diese Personalität nicht unmittelbar. Wir wären keine geschaffenen Wesen dieser Welt, wenn wir von Gott her irgendeine unmittelbare Erfahrung machen könnten. Die beste Art, um religiös zu werden und Angst

zu beruhigen, wird allemal darin bestehen, daß wir Menschen begegnen, die – wie gebrochen auch immer – versuchen, das zu tun, was keine Menschenmutter ihrem Menschenkind zu geben vermag: Bestätigung und Akzeptation, möglichst bedingungslos. Eine Mutter kann das vielleicht noch am ehesten, indem sie ihr Kind, das das ihre ist, nicht dafür liebt, daß es besonders klug ist oder besonders viel leistet. Es ist noch viel zu klein dafür. Die Mutter hat das Kind lieb, einfach weil es auf der Welt ist. Selbst das ist nicht bedingungslos. Die Mutter hat gereizte Nerven, sie ist vielleicht selber krank, ist überfordert, weil sie mit ihrem Mann nicht zurechtkommt, weil das Geld knapp wird, weil sie selbst Angst durchleidet, weil, weil, weil... Und an all diesen Stellen wird sie, ob sie will oder nicht, ihrem Kind auch Unrecht tun. Diese möglichen Angstquellen lassen sich nur schließen, wenn andere Menschen in diese Lücken des Erlebens aus Kindertagen treten. Ich möchte mir wünschen, daß die Kirche in ihrer Seelsorge die reiche Erfahrung der Psychoanalyse mehr nutzen würde. Daß Ängste in aller Regel nicht auf der Ebene der Gegenwart in Wirklichkeit entstehen, sondern eine lange Geschichte haben, und daß wir gerade die Art, wie die gegenwärtige Wirklichkeit interpretiert wird, die Art der Bedeutungsverleihung subjektiv, die der einzelne seiner Welt zumißt, nur begreifen können, wenn wir die vorgegebenen Perspektiven aus den frühen Kindertagen mit berücksichtigen. Erst das würde unser Sprechen von Gott ein Stück weiter aus dem ängstigenden Feld herausfiltern können, würde diese strenge Gesetzlichkeit der kirchlichen Sprache, diese Lohn- und Strafmoral vieler Verkündigungsformen abmildern und ein Stück dem Gottesbild näherkommen, das Jesus uns vermitteln wollte, des väterlichen gütigen Gottes. Nur so wäre der Angst letztlich beizukommen.

Jeziorowski: Ein Zitat aus den »Strukturen des Bösen«: »Die Angst um das bedrohte Leben zwingt zu dem Versuch einer Vergöttlichung des Lebens« (Band II, S. 567). Wo bewahrheitet sich diese Behauptung in der Gegenwart, die gerade von einer Lebensverachtung geprägt ist? Schließen sich Vergöttlichung des Lebens und Lebensverachtung nicht gegenseitig aus?

Drewermann: Nein, ich glaube keinesfalls. Nehmen wir den Kult der Jugend, den wir heute treiben. Wir verachten uns für die einfache biologische Tatsache, älter zu werden, also nicht mehr so konsumfreudig, so leistungsbetont, so fit, so schön, so happy und so adonisgleich zu bleiben. Wir können mit den einfachen Tatsachen von Alter, Krankheit und Tod kaum umgehen. Vor Jahren hat Evelyn Wood einmal im »Tod in Hollywood« diesen Lebensstil des »American Way of Life« versucht zu karikieren, indem er die Verdrängung der Todesgefahr einfach als einen immanenten Teil unserer Zivilisation beschrieb. Wir verdrängen etwa das Erleben des Sterbens an die Peripherie unserer Städte, delegieren es an die großen Sterbefabriken unserer Krankenhäuser, aber wir haben keine geistige Antwort für ganz und gar natürliche Prozesse.

Das führt dazu, daß wir bis ins Aberwitzige bestimmte Teilziele des Lebens, momentane Phasen ins Maßlose überdehnen und aus Reifungsprozessen, die einander ablösen könnten, ein bestimmtes Segment absolut setzen. Wir heben damit den Fluß der Zeit auf, und das meine ich mit Vergöttlichung. Wir tun so, als wenn wir ewig wären, und wir schaffen uns eine Absolutheit, die wir nie gewinnen können. Wir müssen, um uns in der Schwäche, in der Armseligkeit, in der Vergänglichkeit auszuhalten, irgend etwas produzieren, das die Sterblichkeit überdauert. Es ist wie der Traum der Pharaonen; wenn wir etwas dahinsetzen würden wie die Pyramiden, hätten wir Teil an der Ewigkeit, wir würden unsterblich. Nur daß die Ägypter es frömmer glaubten, als es in diesem äußerlichen Symbol verstanden erscheint.

Jeziorowski: Angst beschreiben Sie immer wieder als Zwangsstruktur. Die Angst, das Gefährliche oder das Verbotene zu meiden, wirkt dann kontraproduktiv. Welche Kräfte können diesen Zwang nachhaltig brechen?

Drewermann: Ich schildere am besten erst einmal, wie es gemeint ist. Nehmen Sie beispielsweise die Geschichte eines gut-katholischen Mädchens, dem man beigebracht hat, daß es vor sich selber als einer heranreifenden Frau Angst haben muß: Die Sexualität ist ihm etwas Gefährliches, die Liebe zu lernen durch sexuelle Erfahrung vor der Ehe eine schwere Sünde, die es beichten muß, bereuen muß. Es muß »rein« in die Ehe kommen. Denken wir uns, dieses Mädchen heiratet wirklich den ersten Freund, der sie in die Arme geschlossen hat. Sie ist gerade 18, diese junge Frau, sie wird mit 19 ihr erstes Kind bekommen und nun steht sie da als Mensch, der noch niemals wirklich hat leben können, nur weil er alles richtig machen mußte. Ich unterstelle ein Stück weiter, daß diese Frau sich bemühen wird, ihrem Gemahl treu zu sein, ihre Kinder, die sie noch bekommen wird, so gut es geht zu erziehen. Sie wird eine ganze Zeitlang womöglich nicht bemerken, wieviel Angst sie in diesem Bemühen fehlerfreier Korrektheit bindet. Jede Abweichung von ihrer Norm-Angepaßtheit wird die Angst, schuldig zu sein, ins Bodenlose zu fallen, wieder auslösen. Nun muß man sich vorstellen, daß diese Anpassungsleistung im Hintergrund ständige Verdrängungen zur Voraussetzung hat. Was diese Frau selber will, was sie selber fühlt, wie sie selber mit sich umgeht, das waren und sind niemals Fragen ihres Lebens gewesen. Dann kann es sehr gut sein, daß sie schließlich 35jährig einem anderen Mann begegnet, der plötzlich Wünsche in ihr weckt, die sie nie kennengelernt hat, und sie reagiert auf diesen Mann, denken wir uns ihn 40jährig, wie es damals war mit 17/18. Das ungelebte Leben bricht plötzlich auf. Wenn jemand am Ende auch im moralischen Sinne schuldig wird, weil er sein Leben lang sich bemüht hat, unschuldig zu bleiben, indem er selber das eigene Leben sich schuldig blieb, macht er am Ende wirklich alles falsch, und es passieren ihm genau die Dinge, die er sein Leben lang vermeiden wollte. Psychoanalytisch gibt es dafür viele Ausdrücke wie beispielsweise Wiederholungszwang. Wenn Sie fragen, wie kann man solchen Prozessen entgegenwirken, so glaube ich, daß die günstigste Gewähr in einer Erziehung zu sehen ist, die nach Möglichkeit die Eigenentfaltung fördert. Es ist ein Unterschied, ob man versucht, ein Kind an die Erwartungen der Eltern autoritär anzupassen, indem man es einschüchtert, indem man es gewissermaßen unter Lohn und Strafe fertig dressiert zu konditionierten Reflexen, oder ob man das Kind auffordert, an den Stellen, die es selber entscheiden kann, auch durch eigenes Nachdenken selber eine Lösung zu finden, ob ein Ton der Partnerschaftlichkeit die Erziehung bestimmt, ob die Eltern dem Kind Vertrauen entgegenbringen an all den Stellen, wo es in seinem Rahmen eigenständig auch leben kann. Man hat dieses Prinzip der Partnerschaftlichkeit vor gut 20 Jahren in die Gegenrichtung im Rahmen der antiautoritären Erziehung sehr stark verschoben. Man hat geglaubt, wenn man den autoritären Erziehungsstil einfach durch das Gegenteil ersetzt, würde man alle Angst vor Fremdbestimmung, vor Einschüchterung aus den Kindern herausnehmen können. Viel zu spät hat man gesehen, daß ein Kind schon eine bestimmte Form von guter Autorität braucht, einfach weil es in eine völlig unbekannte Welt eintritt, die durch vielerlei Regeln, durch Gesetze, durch vorgegebene Handlungsbeschreibungen bekannt gemacht werden muß. Die ganze Kultur basiert im Grunde darauf, den riesigen Spielraum der Unbekanntheit, und mit ihm den ängstigenden Anteil, der darin besteht, daß wir die Welt, die uns umgibt, nur sehr begrenzt kennen, aufzufangen. Eine gute Voraussetzung, um Angst zu vermeiden, um Überanpassung aus Angst an bestimmte moralische Schemata zu vermeiden, liegt mehr darin, daß man die Kinder immer wieder, zwar nach vorgegebenen Regeln, sich einzuordnen üben läßt. Auf der anderen Seite ihnen aber auch bewußt macht, daß es keine fertigen gußeisernen Antworten für alle Lebenslagen gibt, daß man im Notfall noch einmal sprechen kann mit den Eltern, ob das, was man gelernt hat, jetzt auch noch richtig ist, ob nicht neue Momente hinzukommen auf einer veränderten Stufe der Entwicklung, die ganz andere Möglichkeiten und dann sogar auch Notwendigkeiten zulassen. Gehorsam zum Beispiel ist für ein Kind natürlich eine Notwendigkeit, solange es Anweisungen befolgen muß in Bereichen, die ihm selbst nicht überschaubar sind, wo es sehr gefährlich werden könnte, aus Versuch und aus Irrtum selbst zu lernen. Daß die Ofenplatte heiß ist, soll das Kind nicht erst aus Erfahrung lernen, das soll es einfach als Tatsache hinnehmen. Da muß die Warnung ihm genügen, und es muß der Autorität der Mutter glauben, die ihm diese Erkenntnis vorsetzt, ohne daß es sie selber mitvollzieht. Auf der anderen Seite wird der Zeitpunkt kommen in der kindlichen Entwicklung, wo es geradezu falsch wäre, noch in diesem Sinne einer fremden Autorität Gehorsam entgegenzubringen, wo die eigene Überlegung zunehmend die Lenkung von außen ersetzt. An all diesen Reifungsstellen wird neue Angst ausbrechen. Immer dann, wenn in der seelischen Entwicklung eine Phase entsteht, wo ein Knoten der Entwicklung sich bildet, wo die Ich-Kräfte noch nicht stark genug sind, die neuentstehenden Forderungen wirklich zu integrieren, bedeutet jede seelische Reifung Angst, und die Tendenz ist groß, rückwärts auf die schon erprobten Strategien der Angstsicherung zurückzugreifen. Es kostet dann sehr viel, die noch einmal aufgegriffenen Lösungswege zu verlassen und etwas wirklich Neues zu probieren. Dieses Spiel der Rückwärtswendung und des Fortschritts, der Regression und der Progression, muß wieder elastisch genug sein, um Angst ein Stück weit mit den alten Modellen zu beruhigen und mit neuen Modellen zu beantworten. Begleitung ist dabei das beste Stichwort, wie man Angst beruhigen kann im Umgang mit einem geängstigten Menschen. Man sollte ihm nicht die Wege fertig vorschreiben, aber unbedingt bei ihm sein, wenn er uns nötig hat.

Jeziorowski: In Ihrem wichtigen Buch »Strukturen des Bösen« enden Sie in Band I mit einem Seufzer: »O gäbe Gott, die Angst zu lindern« (S. 389). Es muß schon sehr anstrengend sein, mit der Angst zu leben, ohne Gott auf der Flucht zu sein. Sehen Sie irgendeine reelle Chance, den Menschen hier in unserer Zeit spürbar zu helfen?

Drewermann: Ich glaube, daß wir in der heutigen Seelsorge sehr viel tun könnten und viel mehr tun müßten, um der Angst heilend und lindernd gegenüberzutreten. Das eine ist, wir haben in unseren Kirchenstrukturen selber den ängstigenden Faktor der Autorität ganz groß geschrieben. Speziell im römischen Katholizismus haben wir hierarchisch Angst betoniert und verfestigt, indem wir, scheinbar zur Beruhigung der Menschen, die Massenpsyche durch schablonisierte und homogenisierte Antworten beruhigen. Da gibt es objektive Wahrheiten, die muß jeder in der gleichen Weise nur so durchführen, dann ist er laut kirchlicher Erklärung in der Wahrheit vor Gott und den Menschen. Ich will nicht leugnen, daß das für viele Menschen eine ganze Weile lang hilfreich sein kann, scheinbar erst mal zu wissen, wo man dran ist. Auf der anderen Seite wird dieser Umgangsstil mit Menschen natürlich außerordentlich konfliktreich, sobald jemand begreift, daß er als Individuum viel mehr ist, als die allgemeine Auskunftei festlegen kann. Wenn er in Lebenssituationen hineingerät, die auf dieser allgemeinen Ebene gar nicht beantwortbar sind, und vor allem wenn er entdeckt, daß er in seinem Leben etwas zu realisieren, mitzuteilen, zu konkretisieren hat, das nur ihn selber angeht, daß es einen Raum des wirklich Individuellen gibt, der von außen her in keiner Weise zu beschreiben ist. Ich sehe, daß unsere heranwachsenden Jugendlichen dies sehr gut begreifen. Vor allem die Großstadtjugend ist längst daran gewöhnt, daß sich die WAHRHEIT alle fünf Jahre sozusagen ändert, daß das, was die Eltern schon geglaubt haben, wie Aberglaube aussieht, daß im Bereich der Wissenschaften in einem ungeheuren Tempo das, was eben noch sicher und beweisbar schien, schon wieder überholt ist durch übergreifende Theorien. In diese Welt hinein bedeutet es sehr viel, davon zu sprechen, daß es Wahrheitsliebe, Offenheit, Lernbereitschaft, Dialogfähigkeit, Konfliktbereitschaft als Tugend zu leben gilt, die es ermöglichen, sich gemeinsam nach vorne zu bewegen. Wir verfügen nicht über die Wahrheit, aber es könnte ein Vertrauen geben, ihr gemeinsam näherzukommen. Das bereits wäre sehr viel wert. Die Jugendlichen sehen auch im allgemeinen heute, daß viel weniger als das, was man tut, die Art wie man miteinander umgeht, entscheiden kann. Wieviel an Sensibilität, an Feingefühl, an der Fähigkeit, zwischen den Zeilen zu lesen im Umgang miteinander, macht die Liebe heute notwendig. Wenn wir bedenken, daß zum Beispiel Ehepartner so gut wie keinerlei Stützen von außen haben, nicht mehr die gesellschaftliche Kontrolle, nicht den finanziellen Zwang, nicht mehr die zwingende Notwendigkeit, sehr viele Kinder sehr lange zu erziehen, nicht die Rücksicht auf die Eltern und Großeltern. Wenn Menschen heute zusammenbleiben, tun sie es einfach, weil es menschlich stimmt. Aber wieviel kostet es jeden Tag, die Stimmung wieder auszubalancieren, wieviel Ängste müssen da durchgesprochen werden, wieviel an Vertrauen muß geweckt werden in die Glaubwürdigkeit des anderen. All diese Fragen lassen sich nicht mit objektiven Vorschriften, was man tun muß, beantworten, aber durch eine Feinnervigkeit gegenüber dem Wie des Umgangs, und das – glaube ich – ist eine wichtige Veränderung in der Art der kirchlichen Seelsorge. Wir glauben immer noch, daß wir fertige Redensarten, aus der Tradition stammend, an die Leute bringen können, und sie müssen auf uns hören, weil wir die wissenden Experten, die Auskunftei des lieben Gottes sind. Was die Leute wirklich möchten, wird darin bestehen, Menschen zu begegnen, die in sich glaubwürdig sind. Und das ist die Seelsorge, die wir nötig hätten: Menschen, die Menschen begegnen und offen sind so ziemlich für alles, was Menschen durchgemacht haben. Die Suche nach dem hundertsten Schaf wäre der Typ der Seelsorge, den wir heute dringend brauchen.

Sünde und Angst

Jeziorowski: Wie ordnen Sie Sünde und Angst zusammen? Sie sagten einmal, die Sünde sei »ein Attentat der Angst auf die Freiheit des Geistes« (›Tiefenpsychologie und Exegese‹ I, Seite 12). Wird hier die Sünde als eine Art Geisteskrankheit eingestuft?

Drewermann: Die Schwierigkeit liegt darin, daß wir im kirchlichen Sprechen auf zwei Ebenen uns angesiedelt haben. Für die meisten kommt hier die Rede auf den Zusammenhang mit der Übertretung moralischer Gebote. Für die meisten Kirchengläubigen stehen die Übertretungen des sechsten Gebots im Vordergrund. All die anderen Dinge kommen entweder nicht vor oder sie sind belanglos. Steuerhinterziehung ist noch Diebstahl, einen Mord wird man kaum begehen, allenfalls einmal einen Rufmord. Aber sonst sind wir gute Bürger, und da gibt es eigentlich »ka Sünd nicht«. Die Kirche hat selber, indem sie auf der moralischen Ebene den Sündenbegriff fahrlässig inflationiert hat, sich weit hinter das zurückgezogen, was in der Bibel, im Neuen Testament, die Sünde in der Einzahl bedeutet. Wenn Paulus etwa von Sünde spricht, dann ist sie eine in sich geschlossene Macht, die viele Erscheinungsformen zeigt, die aber nur einen einzigen Ursprung hat. Ich verbinde diesen Ursprung in der Tat damit, daß ein Mensch es nicht aushält, sein menschliches Leben in all dem, was es kostet, Geist und Bewußtsein zu haben, wirklich auszuhalten, wenn die Angst, die dazugehört, sich nicht bindet im Gegenüber Gottes. Ich konkretisiere dies einmal so: Zur Freiheit des Menschen gehört es, aus Versuch und Irrtum lernen zu können. Es macht aber angst, sich irren zu können. Es macht angst, schuldig werden zu können. Es macht angst, sich auf einen anderen Menschen einzulassen, den man lieb hat, und nicht garantiertermaßen zu wissen, ob es gut geht. Es macht angst, einem Menschen helfen zu wollen, wenn man nicht unbedingt schon über eine Strategie verfügt, die erprobtermaßen Nutzen bringt, sondern die neue Gefahr auch schaffen kann, ihn womöglich zu schädigen wider alle Absicht. Mit anderen Worten, das Leben kann in jeder Form risikoreicher, tragischer, verworrener, unübersichtlicher sein, als es Menschen, die Angst haben, wahrhaben möchten. In all diesen Punkten wird man dazu neigen, den Bereich der Freiheit einzuschränken, durch eine vorregulierte Gesetzlichkeit, und das zerstört ein Stück der Geistigkeit. Man macht am Ende aus freien Wesen Marionetten und Vollzugsbeamte eines vorgegebenen Apparates. Auf diese Weise kann man tüchtig werden, man kann Karriere machen, man kann sozial sehr weit an Ansehen gewinnen. Man hört aber auf, im eigentlichen Sinn Mensch zu sein. Wieviel Gefahr im Hintergrund eine Rolle spielt, werden wir in Deutschland am besten wissen aus den schrecklichen Erfahrungen des ›Dritten Reiches‹, dessen zerstörerische Kapazität eigentlich darin bestand, daß der Mut fehlte, aus der Masse herauszutreten und ein einzelner zu sein, das zu tun, was man als menschlich richtig ansah. Am Ende war Befehl Befehl, und die delegierte Verantwortung machte buchstäblich jede Teufelei möglich. Die Ungeistigkeit der Horde selber ist inhuman. Der Faschismus hat uns dies in einer Orgie von Zerstörung gezeigt, daß wir, glaube ich, unbedingt lernen können: Angst dürfen wir nicht überwinden durch den Rekurs auf die Massenpsychologie, sondern nur nach vorn, indem wir die Kräfte der Individualität und damit die Kräfte des Vertrauens in andere Individuen stärken.

Jeziorowski: Ich möchte doch noch einmal nachfassen. Es rücken bei Ihnen immer wieder Angst und Sünde nahe zusammen (»Strukturen des Bösen, I, S. 107). Aus der Angst gerät der Mensch also in die Sünde, die Sünde vergrößert wieder die Angst. Können Sie eigentlich Angst und Sünde noch unterscheiden in Ihrem Denken?

Drewermann: Unbedingt! Ich will gerade sagen, die

Angst ist eine ambivalente Kraft, sie kann als Warnung vor möglichen Gefahren dienen. Sie ist sogar eine notwendige Bedingung für die Geistigkeit des Menschen, sie darf in diesem Sinne gar nicht fehlen. Würde sie fehlen, hätten wir keinen Menschen mehr, sondern einen zurückgezüchteten Termiten-Zustand der Ungeistigkeit. Wie aus Angst Sünde im qualifizierten Sinne wird, als Absonderung von der Wahrheit, als Abweichung vom eigenen Wesen, als Zerstörung der inneren Möglichkeiten, als Vertun der lebendigen Chancen, die in uns angelegt sind, nicht auf der moralischen Ebene, sondern auf der existentiellen Ebene also, das läßt sich zeigen, indem man begreift, daß es kein besseres Mittel gibt, um der Angst, die dazugehört, ein Mensch zu sein, auszuweichen, als indem man die Kraft der Geistigkeit und der Bewußtheit mildert oder einschränkt, und alle die Mechanismen, die dazu beitragen, sind in sich selbst zerstörerisch, das macht Sünde deutlich. Ich beschreibe also die Sünde als einen Selbstrettungsversuch, mit der menschlichen Angst umzugehen außerhalb von Gott. Und biblisch gesprochen bedeutet das eben, daß ein Mensch in der Angst Gott aus den Augen verliert und verzweifelt versucht, sich selber aus dem Sumpf zu ziehen. Das gerade beschreibt nach meinen Augen die Bibel auf ihren Anfangsseiten in den Bildern der Geschichte von der Ursünde.

Jeziorowski: Sie gehen fast noch weiter, indem Sie Angst, Sünde und Neurose in Zusammenhang bringen. Läßt sich der Sünder auch als Kranker, als Neurotiker verstehen? Wird Erlösung eventuell dann psychoanalytisch geschehen, wird Erlösung für den kranken Menschen verfügbar?

Drewermann: Das sind zwei verschiedene Ebenen. Das eine ist: Ich möchte in der Tat, daß die Psychoanalyse uns helfen soll zu beschreiben, wie der Seelenzustand von Menschen beschaffen ist, die statt aus Vertrauen aus Angst leben. Die Psychoanalyse zeigt dies im Kern, daß jede Heilung, vermittelt durch den Therapeuten, nur durch ein wachsendes Vertrauen zustande kommen kann, und daß man die eben genannten Selbstrettungsversuche aufgeben muß, indem man zu dem zurückfindet, was man selber wirklich ist. Nun kann die Psychoanalyse nicht anders, als ursächlich zu denken, das heißt, die heutigen Seelenzustände zurückzuführen auf die vorangegangenen Erfahrungen und sie von daher abzuleiten. Eine andere Betrachtung, die in der Daseinsanalyse versucht wird, liegt darin, nicht nur die Herkunft der Krankheit, des neurotischen Geschehens der Daseinsverengung zu untersuchen, sondern den Sinn der Krankheit zu verstehen, also nicht nach Erklärung, sondern nach der Deutung des Krankheitsgeschehens zu fragen. In dem Sinne kann man sagen, daß der Sinn der Krankheit, der Sinn der Neurose im letzten darin liegt, sein zu wollen wie Gott, das hat Alfred Adler Ende der zwanziger Jahre einmal gesagt. Jede Neurose ist ein verzweifelter Versuch der Gottähnlichkeit, das heißt, ein Mensch übersteigt seine Möglichkeiten buchstäblich ins Unendliche, indem er gegen die Angst den verzweifelten Willen setzt, aus sich etwas hervorzubringen, das nach etwas Absolutem aussieht. Damit verformt er sich, überfordert er sich, stürzt wieder zurück in innere Verzweiflung, in Haltlosigkeit, in Minderwertigkeitsgefühle, reagiert darauf wieder mit erneut überhöhten Ideen. Im Rahmen der Psychoanalyse muß man diese Prozesse zweifellos beschreiben als von außen vermittelt, als Folge der Erziehung, im Schatten der eigenen Mutter, im Schatten des eigenen Vaters, im Erbe der persönlichen Biographie. Daseinsanalytisch aber kann man zeigen, daß die Möglichkeiten, so zu handeln, in jedem Menschen angelegt sind, weil er bewußt ist und merkt, daß er in dieser Welt ein Nichts ist, daß es auf ihn nicht ankommt, daß er im Prinzip überflüssig ist, daß ihn niemand gefragt hat, warum es ihn gibt, und daß es keinen zureichenden Grund unter seinen Füßen gibt. Wem diese Fragen bewußt werden, der kann darauf nur mit Gott antworten, oder er wird hineinfliehen in genau die Prozesse und Bewegungen, die auf der psychischen Ebene von seiten der Psychoanalyse beschrieben werden. Wer jetzt meinen sollte, das seien methodisch getrennte Betrachtungsweisen, die erklärende und die deutende hermeneutische Psychologie, dem muß gesagt werden, daß jede Psychotherapie davon ausgeht, daß ein Patient in gewissem Sinne sich selber gegenüber unfrei, eingeengt, eben durch Angst in dem Spielraum seiner Freiheit determiniert ist. Umgekehrt aber glaubt die Psychoanalyse daran, daß sie die Freiheit und das Ich des anderen wiedererwecken kann, nach dem wunderbaren Satz von Sigmund Freud: »Wo Es war, soll Ich werden.« Damit muß die Psychoanalyse sich auch der Angst stellen, die es gerade kostet, aus dem Prozeß des Kollektiven, des Unbewußten herauszutreten und als Person zu reifen. Da delegiert sich die Psychoanalyse im letzten an die Theologie und beide sind wohl auseinanderzuhalten, aber in ihrer Zusammengehörigkeit auch zu begreifen.

Jeziorowski: Noch einmal ein Zitat aus den »Strukturen des Bösen« (Band II, S. 561): »Neurose und Sünde dienen dem sich hilflos und ohnmächtig fühlenden Ich dazu, dem Erlebnis der Angst zu entkommen.« In der Angst wird der Mensch also immer ärmer und unfreier. Wer kann diesen Teufelskreis nachhaltig brechen?

Drewermann: Ich glaube, daß wir im Neuen Testament das beste Beispiel in der Person Jesu antreffen. Keine Religion außerhalb des Christentums hat die Schwierigkeit der Individuation, der Personalisierung so stark hervorgehoben und im gewissen Sinne überhaupt erst entdeckt wie die Religion des Christentums. Sie ist daran gebunden, daß ein Mann in der Gestalt des Jesus von Nazareth vor uns steht, der es wagt, Dinge zu tun, die im Letzten nicht weiter ableitbar sind, außer durch das Vertrauen gegenüber der Macht, die er seinen und unseren Vater nennt. Er zeigt das, indem er zum Beispiel am Sabbat die Jünger geradezu ermuntert, ein heiliges Gebot zu brechen, auf dessen Übertretung die Todesstrafe gesetzt ist, oder den Verkrümmten in der Synagoge am Sabbat auffordert, sich aufzurichten. Jesus wollte dies unbedingt, daß Menschen gegen die Angst die Kraft des Vertrauens setzen. Es scheint mir dies Modell zu sein, auf das hin wir alle unsere Frömmigkeit ausrichten sollten und könnten. Letztlich wagt es Jesus, uns vorzuleben, daß auch der Tod kein Argument ist gegenüber der Tragfähigkeit des Vertrauens. So deute ich die Angst Jesu in Gethsemane. Er wollte zeigen, daß es nicht notwendig ist, immer wieder aus Angst Dinge zu tun, die man gar nicht tun will: feige zu sein wie Petrus, verräterisch zu werden wie Judas, gesetzlich und gotteslästerlich wie der Hohe Priester, machtvoll und ohnmächtig wie Pilatus. Jeder tut das Gegenteil von dem, was er eigentlich möchte, nur aus Angst. Diese Welt zu brechen, das meinen der Tod des Jesus von Nazareth und seine Auferstehung.

Jeziorowski: Wenn Angst und Krankheit nahe zusammenrücken, gehören auch Heilung der Psyche und Reifung in Gott eng zusammen. Wird die Religion statt Opium für die Seele zu einem gebrauchten Heilmittel? Welche heilende Kraft entwickelt der Glaube an Gott?

Drewermann: Innerhalb des Christentums haben wir

dies immer wieder betont, daß ein Mensch sich selber nicht zu retten vermag. Speziell die Rechtfertigungslehre der Reformation hat diesen Gedanken der Rechtfertigung des menschlichen Daseins allein durch die Gnade und durch den Glauben, gestützt auf die Botschaft der Bibel, sehr stark hervorgehoben, viel stärker als der römische Katholizismus. Wir müssen aber sehen, daß selbst in der reformatorischen Theologie möglicherweise eine verinnerlichte Entfremdung stattfinden kann, wenn wir die Beziehung des Gläubigen zu Gott nicht psychologisch durcharbeiten. Es kann dann aus dem, was Angebot und Erfahrung sein müßte, wieder eine neue Soll-Vorschrift, eine neue Gesetzlichkeit werden. Man muß glauben, statt man darf glauben. Oder man hat erfahren, wie Glaube heilt, dann kann selbst die Botschaft vom Heil Unheil bewirken. Umgekehrt, glaube ich, es wäre zu lernen sogar von manchen Religionen außerhalb des Christentums und sogar vor der Entstehung des Christentums, wie stark Vertrauensbildung daran gebunden ist, auf sich selber hören zu lernen. Es gab in der Antike beispielsweise die Heilsreligion des Gottes Asklepius von Epidauris, dessen Emblem die Schlange am Stab noch in vielen ärztlichen Praxen zu sehen ist. Die Religion des Gottes Asklepius um 300 v. Chr. wußte, daß man auf die Träume, die Menschen im Heiligtum des Gottes des Nachts vor sich sahen, hören müsse, um sie am kommenden Tag als Botschaft des Göttlichen auszulegen. Diese Kunst auf dem Wege eines vertrauensvollen Träumens in den Tiefenschichten der Menschen wieder zu begegnen, hat uns 2000 Jahre später, nach einer riesigen Verdrängungsarbeit des Christentums, eigentlich erst in unserem Jahrhundert, die Psychoanalyse wieder näher gebracht. Mir ist dies sehr wichtig zu sagen, weil ich den Verdacht habe, daß das Christentum mit seinem Sprechen von

Angst, Sünde, Glauben und Erlösung eigentlich bisher nur die Ich-Spitze des Menschen, die Kräfte des Bewußtseins, des Wollens, der Personalität und die Individualität erreicht hat, nicht aber die Tiefenschichten des Unbewußten, des verdrängten Materials persönlich wie kollektiv aus dem riesigen Gang der Evolution in der menschlichen Psyche angesiedelten Mechanismen. Dem riesigen Reservoir der Bilder stehen wir im Christentum immer noch sehr zögerlich und fremd gegenüber; den Triebbereichen der menschlichen Psyche, der Aggressivität, der Sexualität sehr moralisierend und also wieder ängstigend. Wir haben speziell der Liebe gegenüber mehr Angst gezüchtet im Christentum als Vertrauen. Wir nennen die Liebe Gott selber, aber wir fliehen vor ihr, wenn sie uns zu ergreifen droht. Wir haben zwischen Mann und Frau eine riesige Tabuzone von Scheu, Verdrängung, Prüderie, dann wieder lasterähnliche Zerrformen gelegt. Wir sind im Christentum immer noch sehr weit davon entfernt, die naturhaften Bereiche der menschlichen Psyche wirklich zu integrieren und mit der Natur ringsum im Einklang zu leben. An all diesen Störzonen etablieren wir Angst, statt sie zu lindern. In diesem Sinne glaube ich, daß wir im Christentum weitermachen sollen und müssen, was wir bisher gefördert haben: Individualität, Personalität, Freiheit, Verantwortung, Geschichtlichkeit, Humanität, Recht und Moral. Diese Begriffe sind uns sehr vertraut. Wir müssen sie ergänzen und verschmelzen mit den ganz anderen Ebenen aus den Tiefenschichten der Psyche.

Kirche als angstfreier Raum

Jeziorowski: Hier machen Sie auch Ihrer eigenen Kirche einige Vorwürfe. Sie würde Erlösung nur verwalten, statt eben im Angehen gegen die Angst, Erlösung zu vermitteln. Das klingt fast nach Vermehrung der Angst in der Kirche. Was werfen Sie Ihrer Kirche eigentlich vor? Könnte Kirche so etwas sein wie ein angstfreier Raum, als Zuflucht für geängstigte Menschen?

Drewermann: Es ist genau dies, was ich dringend wünsche. Speziell gegenüber dem römischen Katholizismus habe ich versucht, in meinem Buch »Kleriker – Psychogramm eines Ideals« zu zeigen, wie stark dieser Typ von Frömmigkeit und Kirchlichkeit darin besteht, dem einzelnen die Angst wegzunehmen und sie an die Institutionen zu binden, die scheinbar als Garanten der Wahrheit, der erklärten Richtigkeiten und der unbedingt wahren Verhaltensnormen auftreten. Wieviel Angst von diesem System der angeblichen Angstberuhigung in Wirklichkeit ausgeht, wird man an jeder Stelle merken, wo jemand den Schritt zur Individuation nicht mehr vermeiden kann oder ihn zu gehen wagt. Da wird ihm die Kirche selber immer wieder als Hindernis, als Zwangssystem, als zu kurz verwaltete Zwangsstruktur begegnen, und er wird sie aufbrechen müssen. Das leidenschaftlichste Beispiel dafür in der Kirchengeschichte war ohne Frage die Reformation selber vor 473 Jahren, als der Mann Luther in seiner Angst deutlich empfand, daß es für die Beunruhigung seines Herzens und seiner Zeit keine Beruhigung mehr geben könnte in der objektiven Wahrheit des Tradierten, sondern nur im Gegenüber, in der absoluten Person, vermittelt durch Personen hier auf Erden, die im Gespräch, in Begegnung, in Begleitung gemeinsam unterwegs sind. Wir hätten dann einen neuen Typ von Kirche, der im Prinzip keine Hierarchie mehr brauchte, keine angstbindende Institution mehr, sondern eine Gemeinde von Gläubigen, die von unten her sich selber auferbauen würde. Wir brauchten nicht die verwaltete Festlegung der Freiheit der Kirchenmitglieder, durch die Festlegung des Eides, durch Garantieerklärungen für den Rest des Lebens auf die Strecke etwa von 40 bis 50 Jahren Zukunft, eine Überforderung der menschlichen Möglichkeiten in jeder Beziehung. Wir brauchten vor allem keinen Amts-Apparat, der immer wieder Angst hat vor seinen eigenen Gläubigen, indem eine Schicht von ausgebildeten Fachtheologen die Entscheidungen, die eigentlich die sogenannten Laien für ihr Leben selber treffen müssen, die ihnen alles abnimmt durch Expertisen, durch Glaubensvorgaben, durch vermeintlich göttlich geoffenbarte Richtigkeit. Wir kämen von der Zweistände-Kirche herunter, indem das sogenannte Volk immer abhängig gemacht wird von den im Lehramt stehenden Bischöfen, Priestern und Theologen. Mit anderen Worten, wir kämen der Kirche, wie Jesus sie gewollt hat, ohne Zweifel sehr viel näher, indem der Mann aus Nazareth geradewegs verbot, daß es so etwas geben könnte wie ein Rabbinertum: Laßt ihr euch nicht Rabbi, nicht Meister, nicht Dozent der Theologie nennen und vor allem, laßt euch nicht Vater nennen. Das wäre das Ende der patriarchal-hierarchisch verfaßten Gemeindestruktur. Ich leugne nicht, daß es rein funktional eine Hierarchisierung aller Sozialstrukturen brauchen wird. Es gilt aber zu unterscheiden, eine bestimmte systematische Schichtung in den Lebensabläufen einer Gruppe oder einer Gemeinde zu akzeptieren oder darüber eine Ideologie der Stabilität und der Sicherheit zu setzen, die ihr nicht zukommen kann.

Jeziorowski: Polemisch gesagt, kann es sogar so sein, daß die Kirche sich Angst zugute macht. Im permanenten Kreislauf von Ungehorsam, Übertretung, Untreue, Enttäuschung entsteht Minderwertigkeitsgefühl, der Mensch wird klein gehalten. Kann nun der geängstigte Mensch vielleicht trotz Kirche sogar aufrechten Gang lernen?

Drewermann: Das ist oft meine große Hoffnung, um das ein Stück zuzuspitzen. Alle, die heute älter sind als 50 Jahre, in der katholischen Kirche speziell, aber vergleichbar wohl auch in der protestantischen, werden zwischen dem 8. und dem 28. Lebensjahr, zwischen Erstkommunionunterricht und Hochzeit, einen über zwanzigjährigen Abwehrkampf geführt haben gegen die Tatsache, ein Junge oder ein Mädchen zu sein. Die katholische Kirche hat noch 1975 jede sexuelle Erfahrung außerhalb der Ehe für schwere Sünde erklärt. Das bedeutet bis in die Gegenwart hinein, daß jedes Reifen zur Liebe hin als Sünde gebrandmarkt wurde und wird. Dieselbe Kirche steht natürlich bereit, die sogenannten Fehltritte der Jugend oder der Erwachsenen später unter dem Amt der Vergebung durch die Hand des Priesters zu verzeihen. Aber sie schafft einen ständigen Kreislauf von Versagen und Vergeben, von Sünde und Auslieferung an die Kirche als diejenige Vollmacht, die dem Menschen die Gnade Gottes neu zusprechen muß. Sie schafft damit in der Tat eine Sündenangst, die sie selber unentbehrlich macht. Eine Logik, die Friedrich Nietzsche vor über hundert Jahren bereits karikiert hat, daß hier eine Moral der Unterdrückung als Herrschaftsinstrument gebraucht würde und eine Entfremdung von der Natur in eine bizarre Form von Gottesverehrung getrieben würde, die dann die Priesterreligion unausweichlich nach sich zieht. Der Priester, meinte Nietzsche, braucht dringend den kranken Menschen. Und die Begründung gab er, weil er selber krank ist. Man hat am Ende

Menschen vor sich, die so sehr abhängig sind von der Kirche, daß sie sich ein Leben außerhalb von kirchlichen Ämtern gar nicht mehr vorstellen können. Aus solchen Geängstigten rekrutiert sich dann der Kreislauf des Selbsterhalts der Kirche.

Umgekehrt glaube ich aber, daß es Menschen gibt, die aus den leidvollen Erfahrungen von Kindheit und Jugend auch lernen können. Ich wünsche mir sehr, daß die Kirche diese erwachsener Gewordenen, diese mutiger Gewordenen in sich selber akzeptiert, selbst wenn sie später die Kraft auch haben zu Widerspruch und Kritik an dem, was man ihnen vorgesetzt hat.

Jeziorowski: Religion nannten Sie die wichtigste Vermittlerin zum Unbewußten des Menschen. Der Zusammenhang von Religion und Angst interessiert heute neu. Muß der religionslose, angeblich atheistische Versuch zwangsläufig scheitern?

Drewermann: Auch das ist wieder dialektisch, je nach dem Typ, den man von Religion vor sich hat. Wir wollen uns erinnern, daß die frühen Christen selber als Atheisten verfolgt wurden, einfach weil sie einem bestimmten Typ von Religion widersprachen. Mir scheint, daß der Atheismus in der Neuzeit manches in sich enthält, das wir im Christentum als Gläubige lernend aufnehmen sollten. Beispielsweise wenn wir eben von der Psychoanalyse sprachen, so verdanken wir dieses wunderbare Instrument des Umgangs miteinander dem Atheisten Sigmund Freud, von dessen Menschlichkeit wir viel gewinnen könnten. Atheismus ist in meinen Augen die Zerstörung von Zerrformen der Göttlichkeit, eine notwendige Reaktion darauf, daß man Gott identifiziert mit bestimmten Amtsstrukturen, mit bestimmten Herrschaftsverhältnissen in und außerhalb der Kirche, mit bestimmten Moralvorstellungen, die obsolet geworden sind, mit bestimmten Tabu-Bildungen, die den Menschen verdummen, statt ihm zu leben zu helfen. Dann wird Atheismus eine notwendige Form der Selbstbehauptung des Menschen und dann ist er zweifellos nicht schädlich, sondern ein großartiges Gelächter über den vergangenen Aberglauben, ein Schritt nach vorn in der Selbstbewegung religiöser Entfaltung. Wenn Sie aber im Letzten fragen, was Angst beruhigen kann, dann kann ich mir sehr schwer vorstellen, daß eine Antwort darauf in einer buchstäblich gottlosen Welt gefunden werden könnte, in der auf die Frage, warum wir leben und sterben, keine andere Antwort gegeben werden kann als die des natürlichen Stoffhaushalts von Kohlenwasserstoff-Kettenmolekülen.

Jeziorowski: Erlauben Sie doch noch den Zusammenhang: Es gibt auch Angst vor der Religion? Wie kann man dieses seltene Phänomen eigentlich einordnen?

Drewermann: Ich widerspreche, daß es selten sei. Ich glaube, daß archaische Formen der Religion immer wieder auch Angst gemacht haben. Sonst wären die Götter nicht so blutgierig, so opferhungrig, so ständig auf Versöhnungsrituale angewiesen. Ich sehe, daß auch im Christentum diese archaischen Relikte in ganz großer Form im Zusammenhang der Lösung durch das Kreuz Jesu in die Theologie Eingang gefunden haben, auch in Form der Askese, der Selbstunterdrückung, der moralischen Dauerzensur, die ein freiwillig aufgezwungenes Martyrium immer wieder routiniert und perfektioniert haben. Es ist in der Tat so: Die Religion steht selber auf dem Prüfstand, immer wieder wird geprüft, was sie will, ob sie auf die Angst, die Menschen mitbringen, antwortet; ob sie den Menschen die Angst nimmt nach dem Modell von Dostojewskijs »Großinquisitor« oder ob sie Vertrauen setzt in

die Menschen, indem sie sie zu vertrauen lehrt und ihnen Mut macht auch zu ihrer Freiheit.
Das war Dostojewskijs große Vision und sein Vorwurf gegen die katholische Kirche, die er im Grunde für eine Variante des Sozialismus hielt. Was ja nahe lag, da der Geist aus der Wüste, der Teufel, davon zu überzeugen vermag, daß die Freiheit des Menschen ein zu schwer zu ertragendes Gut sei und man den Menschen nur glücklich machen könne, indem man eine Kaste von verantwortlichen Glücksbringern einsetzt, die alle Entscheidungen auf sich selber versammelt und die Menschen entmündigt wie Kinder. Genau das beobachte ich in der römisch-katholischen Kirche bis heute auf furchtbare Weise, indem Gehorsam, Abhängigkeit, Konservativismus, gleichgeschaltete Folgsamkeit, nicht aber Wagemut, nicht Innovation, nicht Phantasie, nicht Kreativität, nicht Poesie, nicht Lyrik, nicht die Kraft, ein Individuum zu sein, gefördert werden. Ich vermisse den konstruktiven Ungehorsam.
Ich stelle einander gegenüber, wie Martin Luther 1521 auf dem Reichstag in Worms vor Kaiser Karl V. bis dahin befragt wurde, daß der mächtigste Mann Europas das Fazit zog: »Es scheint mir unbegreifbar, wie ein einzelner Mönch recht haben könnte gegen die gesamte Christenheit.« Genau diese ungeheure Möglichkeit eines einzelnen, der vor Gott und schließlich vor den Menschen recht hat gegenüber allen anderen, das ist der Anfang der Reformation gewesen – eine Möglichkeit, die nie mehr vergeht, die aber jeder institutionellen Form von Religion Angst einjagen und Feuer unter den Füßen machen wird.
Jeziorowski: Das realistische Menschenbild des Alten Testaments begeistert den Theologen Drewermann. Drei große Bücher haben Sie der Deutung der jahwistischen Urgeschichte gewidmet. In der realistischen Anthropolo-

gie liegt die Stärke Ihres theologischen Ansatzes. Im Blick auf Kain und Abel: Die Menschheitsgeschichte beginnt mit einem Mord. Kain erzeugt Angst für Opfer und Täter, Angst treibt den unsteten, flüchtigen Mörder. Wie kann dieser Teufelskreis der Angst von ständiger Unruhe, von Eifersucht und Neid zerbrochen werden?

Drewermann: Die Geschichten vom Anfang der Menschheit, Adam und Eva, Kain und Abel bis zum Turmbau, haben mich in der Tat seit Kindertagen fasziniert, weil ich glaube, daß die ganze Hilflosigkeit und Tragik des menschlichen Daseins in diesen Bildern unübertroffen ausgesprochen wird. Speziell an der Geschichte von Kain und Abel ist das Furchtbare, daß wir im Grunde alle heute noch so leben. Wir versuchen bis zur Verzweiflung, Gott gnädig zu stimmen und eine Grundlage durch Leistung wieder zu beschaffen, endlich jenseits von Eden akzeptiert zu werden. Wir sind so produktiv, so fleißig, so opferbereit, als es nur irgend geht. Wir bringen das Beste hervor und verbrennen es noch, statt selber daran Freude zu haben, damit ein zweideutiger, habgieriger, strafbereiter Gott endlich Frieden gibt. Und am Ende werden wir erleben, daß wir dabei mit dem Menschen an unserer Seite, gerade weil er uns nahe steht, nicht mehr zu leben wissen. Wenn alle auf ähnliche Weise versuchen, mit ihrem Leben zurechtzukommen, wird jeder notgedrungen des anderen Konkurrent werden, auf dem gleichen Feld, und zwar um so mehr, je ähnlicher er ihm ist. Gerade weil er mein Bruder ist, weil er über ähnliche Qualitäten verfügt, ähnliche Voraussetzungen mit ins Leben bringt, rückt er mit seiner Strategie im Feld der Konkurrenz um so näher heran und wird dann um so bedrohlicher. Das, was sonst an ihm zu loben und zu schätzen wäre, wird im Feld der Konkurrenz die Gefahr selber, vernichtet zu werden. Plötzlich steht ein

Bruderpaar am Altar Gottes einander gegenüber auf Tod und Leben, weil es opfern muß, um ein Leben gegen den Tod zurückzugewinnen, instrumentalisiert man schließlich den Tod, um zu überleben. Es sind am Ende die Kainiten, die besseren Mörder, die auf Dauer die Geschichte weiter zu bestimmen scheinen. Wie man da herausfindet, weiß ich nicht anders, als indem man der Devise der Söhne Kains abschwört.
In der Stammlinie Kains wird später Lamech im 4. Kapitel der Genesis die Angst der Menschen voreinander auf die brutale, politisch bewährte Formel bringen: »Kain soll siebenmal gerächt werden, aber Lamech siebenundsiebzigmal.« Das ist das Liebeslied für Lamechs Frauen, die in den Armen dieses Wüterichs Schutz und Obdach finden. So treiben wir es immer wieder: Siebzigfach die Rache, die Drohung, die Gegengewalt. Es gibt eine Stelle im Neuen Testament, wo Jesus auf die Frage des Petrus: »Wie oft muß ich meinem Bruder vergeben?« antwortet: »siebzigmal siebenmal« (Matthäus 18,22). Das heißt genauso oft, wie Lamech sich rächen wollte, sollten wir Menschen imstande sein, Güte zu üben. Es setzt aber voraus, daß wir Menschen imstande wären, so gefestigt zu sein im Vertrauen, daß uns die Aggression des anderen, der Zorn, die Wut, die Gegenwehr nicht bis zum Tödlichen herausfordert, denn sonst werden wir nicht standhalten. Erst für Menschen, die den Himmel über sich haben, wird die Möglichkeit gegeben sein, auf Erden einander brüderlich zu begegnen.
Jeziorowski: Die flüchtigen Kinder der Eva in den Dunstbahnen von Lust und Unlust, Sexualität und Tod erreichen soviel Lebensqualität nicht. Sie sprechen von einem Dahindämmern, von verpaßten Lebenschancen. Das ungelebte Leben klagt an. Wie kann diese Selbstentfremdung beendet werden?

Drewermann: Es ist in der Tat erschütternd zu sehen, am Anfang der Bibel, wie die von Gott verstoßenen Menschen jenseits von Eden ihre Hoffnung und ihren Trost dareinsetzen, fruchtbar zu sein. Am Anfang des 4. Kapitels der Genesis, an einer sehr dunklen Stelle, heißt es einmal, daß Eva ihr Kind Kain so benennt, weil nach einem hebräischen Wortspiel sie sich sagt: Ich habe es erworben mit Jahwe als Mann, oder ich habe erworben den Jahwe-Gott zum Mann. Es ist so, wie wenn die Sexualität, die generativen Kräfte des Menschen, die Möglichkeit, aus sich selber rein biologisch Leben weiter zu schenken, das ersetzen müßte, was man an Leben selbst verloren hat. Es ist die Absolutsetzung einer biologischen Antwort. Wir Menschen leben sozusagen als kurzfristige Träger eines potentiell unendlichen Keimgutes. In diesem lebt etwas von uns weiter, wenn wir es an die Bahn der Evolution zurückgeben. Es ist ein Trost, der spätestens dann nicht mehr funktioniert, wenn man als Individuum erwacht. Man wird dann wissen, daß es nichts allgemeines gibt in der Generationenkette der Geschlechter, das ein Ersatz für persönlich gelebtes Leben sein könnte.

Wir leben nicht in unseren Kindern. Wir machen vielmehr uns selber als Eltern den Kindern zum Alptraum, wenn wir verlangen, daß sie so werden wie wir, und wir darauf bestehen, daß wir uns mit unseren Enttäuschungen und Hoffnungen durch sie überhaupt erst realisieren. Dann werden wir verhindern, daß unsere Kinder jemals erwachsen werden, jemals ohne Schuldgefühle die Freiheit wagen. Wir werden ständig einen Schatten über sie werfen. Das beste ist, wir lernen, für unser kleines Leben selber zuständig zu werden und die Kinder eines Tages freizugeben. Aber das setzt voraus, biblisch gesprochen, daß man begreift wie Abraham, man muß das eigene Kind auf dem

Berge Morija lassen, um es wieder zu empfangen, vervielfältigt unter dem Heer der Sterne.

Jeziorowski: Wenn Menschen das Gefängnis aus Sünde und Angst selbst bauen können, warum können sie nicht selbst die Befreiung schaffen?

Drewermann: Der Grund ist einfach zu erkennen: Wenn ein Mensch selber auf die Angst eine Antwort gibt, die außerhalb des Vertrauens lediglich die unmittelbaren Bedingungen der Angstauslösung zu schließen versucht, errichtet er in der Tat sein Gefängnis, weil er damit seine Freiheit einengt. Daraus geht hervor, daß diese Beruhigung vor der Angst, die es kostet, frei zu sein, immer wieder in dem wachsenden Gefängnis eingemauert wird. Nur ein Mensch, der es wieder wagen könnte, seine Freiheit zu erleben, würde dem Gefängnis entkommen können. Ein solches Bild gibt es im Neuen Testament. Als in der Apostelgeschichte (Kapitel 12) Petrus einmal unter vierfacher Bewachung im Kerker sitzt und nichts weiter vor Augen hat als den Tod. Da erlebt Petrus in der Nacht vor seiner Hinrichtung, daß ein Gottesengel kommt, um ihn aufzuwecken. Ich übersetze diesen Gottesengel einmal mit dem Bild des eigenen Wesens, das sichtbar wird. Ein Mensch, der dem zu folgen wagt, wird merken, daß die Fesseln ihn nicht halten. Andere Menschen, die wie Polizisten neben ihm stehen, um ihn festzulegen bis auf den Tod für das, was er tun soll, werden ihre Macht verlieren. Er wird mit einemmal auf der geraden Straße stehen, allein. Das ist schließlich die Bedingung, seine Schwestern und Brüder wiederzufinden, die in der Zeit für ihn beteten.

Rechtfertigung und Angst

Jeziorowski: Wege aus der Angst. Wir fragen schon in Richtung Rechtfertigung. Wie kann der Mensch erfahren, daß Gott ihn liebt? Gott liebt mich, Gott mag mich, Gott bin ich wichtig, Gott macht mich recht. Wie findet der Mensch hier den Weg?
Drewermann: Auffallend ist, daß die meisten Menschen in unserer Gesellschaft heute so gar nicht mehr fragen werden wie Martin Luther vor fast 500 Jahren. Die meisten werden einfach leiden unter dem Gefühl, überflüssig zu werden: Die Kinder gehen aus dem Haus, der Partner hat sich scheiden lassen oder ist gestorben, die Mutter oder der Vater ist dahingegangen. An all diesen Stellen, an denen sich in den menschlichen Beziehungen Löcher bilden, bricht Angst aus. Es entsteht ein Bedürfnis nach Bestätigung, nach Anerkennung, daß es irgendwo eine Hand gibt, die da über den Abgrund trägt. Natürlich besteht die Möglichkeit, daß Menschen fliehen, gewissermaßen mit verbissenen Zähnen, um sich in die alten Formen von noch mehr Leistung, noch mehr Gewinn, noch mehr Anerkennung Bestätigung zu ergattern. Man kann aber auch aus zerbrochenen Träumen, aus dem Scheitern gesetzter Hoffnungen lernen, z. B. die eigene Schwachheit zu akzeptieren. Das aber setzt voraus, daß es ein Gegenüber gibt, dem man zutraut, uns so gewollt zu haben, wie wir sind, und dem gegenüber es nicht nötig ist, mehr zu sein, als wir wirklich vermögen, ohne uns zu quälen und selber zu schikanieren. Freilich setzt es auch voraus, daß wir Menschen finden, die das wirklich so leben.

Ich vermisse in der Kirche, daß wir ein gutes Klima erzeugen, in dem Menschen nicht als erstes befragt werden, mit was für Nöten kommst du, was geht in dir vor, welche

Hypothek auf deinen Schultern hast du mitgebracht? Die meisten werden abgeschreckt durch einen Typ von Kirche, der gerade Menschen nicht akzeptiert, sondern nur unter bestimmten Bedingungen zuläßt. Das geht beispielsweise bis zum Abendmahl, an dem man nur würdig teilnehmen kann.

Zwischen den Konfessionen beispielsweise sehe ich, daß es immer noch so gehandhabt wird, daß das gemeinsame Mahl der Geschwisterlichkeit, das Jesus gestiftet hat, ein universelles Teilen, ein Mahl mit den Sündern auf dem Weg mit den Menschen der Verlorenheit, daß es benutzt wird als eine Prämie für Rechtgläubigkeit, indem Katholiken bei den Protestanten nicht zur Eucharistie gehen dürfen. Und daß das, was Jesus wollte, erst in Aussicht gestellt wird bei einer vollkommenen Übereinstimmung in den Glaubensüberzeugungen. Das macht aus einem Sakrament der Wegzehr eine Prämie für die am Ende Angekommenen. So kann es wieder nicht gemeint sein. Da wird aus dem Endergebnis der Weg gemacht und das gegenseitige Lernen unterbunden durch eine Zwangsstruktur des Fertigen.

Jeziorowski: Noch einmal zurück zu der Rechtfertigung. Der Mensch kann nicht gut sein, ehe er nicht die Angst seiner Seele im Glauben beruhigt hat – so kann man das bei Ihnen stets lesen. Klingt bei Ihnen nicht doch Luther durch, als ob sola fide und sola gratia immer wieder durchscheinen?

Drewermann: Ich glaube, daß Luther Paulus und auch Jesus von Nazareth vollkommen korrekt übersetzt, wenn er so vom Glauben gesprochen hat, und ich stimme ihm mit Leidenschaft zu. Ich weiß, daß diese Gedanken seit den Tagen Luthers zwischen den Konfessionen immer wieder diskutiert wurden, die gerade zwischen Luther und

Erasmus viele Mißverständnisse hervorgebracht haben. Mir scheint aber schon mit dem Blick auf die Botschaft Jesu eines ganz deutlich zu sein: daß es nicht möglich ist, bei der Botschaft Johannes des Täufers stehen zu bleiben. Jesus muß erlebt haben, daß es schlechterdings nicht genügen kann, den Menschen einfach mit prophetischer Gebärde vorzuschreiben, was sie tun sollen. Selbst wenn das, was der Täufer sagt – Jesus nennt ihn ja den größten aller von Frauen Geborenen –, vollkommen richtig ist, so ist es doch viel wichtiger, die Menschen direkt aufzusuchen, die nicht weiterwissen. Keine Verzweiflung läßt sich beantworten durch richtige Anweisungen, keine wirkliche Verlorenheit beruhigen durch die Sprache des »du mußt«, sondern dadurch, wie man Menschen aufrichtet, wie man ihnen Vertrauen gibt, wie man der Sünderin, die weinend zu Jesus kommt, ihr Gefühl für ihre eigene Würde zurückgibt, wie man der Frau, die man beim Ehebruch ertappt hat, zunächst einmal einen Freiraum wiedergibt, in dem sie sich trotz der Schuld akzeptiert fühlt. Das sind die eigentlichen Erfahrungszentren, aus denen Jesus heraus lebte. Er wollte uns einen Gott lehren, der seine Sonne aufgehen läßt über Gute und Böse, Gerechte und Ungerechte, und der diese nur scheinbaren Schranken zwischen den Frommen und den Sündern endgültig aufhebt, indem das hundertste Schaf wichtiger wird als die neunundneunzig anderen. Wenn das gilt, hat natürlich Paulus mit seiner Erfahrung noch einmal recht. Es ist möglich, alles Richtige zu wissen, und es kann sein, daß jemand sich bemüht, als Verzweifelter all das zu tun. Er wird aber erleben, daß er sich dabei buchstäblich tot macht. Wenn Paulus sagt, daß das Gesetz tötet, obwohl es von Gott ist, dann wird es gerade die Erfahrung des Martin Luther sein, daß es sich so verhält.

Man wird am Ende seiner selbst nicht Herr, sondern tut genau das, was man nicht will (Römer 7,19).
Psychoanalytisch ist mir das absolut einleuchtend in der Lehre der Verdrängung, der Wiederholungszwänge, der Übertragungsmechanismen. Erschüttert sehe ich das nahezu jeden Tag in den Therapiegesprächen mit Menschen, wie die eigene Vergangenheit sie einholt. Aus lauter Angst sind sie geflohen vor dem eigenen Vater, wollten nie so sein wie er und entdecken jetzt 40jährig, daß sie genau dasselbe tun, was sie bei diesem Mann gehaßt haben, oder sie wollten nie werden wie ihre Mutter und erziehen dann ihr eigenes Kind genau so, wie sie selbst erzogen wurden. All diese Dinge löst man niemals mit Moral, sondern durch eine Form der Begegnung, die es erlaubt, sich selber erst einmal wiederzufinden und von innen heraus zu regenerieren, buchstäblich aus Gnade.

Luther im Kampf gegen die Angst

Jeziorowski: Noch einmal zu Drewermann und Luther. Es gibt bei Ihnen in den umfangreichen Büchern nicht so arg viel, wo Sie sich direkt mit Luther auseinandersetzen. Könnte es aber doch sein, daß Sie mit ihm stark verwandt sind, auch über 500 Jahre hinweg? So mache ich einmal einen kleinen Test unter dem Stichwort: Luther und Angst. Ich gebe Ihnen ein paar Zeilen aus Luther-Liedern zum Stichwort *Angst*. Ich wollte Sie bitten, da vielleicht doch eine gewisse Wertung zu versuchen. Hier das erste Luther-Zitat: »Die Angst mich zu verzweifeln trieb, daß nichts denn Sterben bei mir blieb, zur Höllen muß ich sinken...« Was ist das für ein sensibler Mensch, der so dichtet und betet?

Drewermann: Ohne Zweifel ein zutiefst angefochtener, der sich aufs äußerste Mühe gegeben hat, gut zu sein, und der erlebt hat, daß er es nicht kann. Es ist eine Form von Verzweiflung, die ganz von innen aus aufsteigt. Einem solchen Menschen ist nicht von außen durch einen Schicksalsschlag irgend etwas zugefügt worden, sondern wir haben eine völlig verängstete Seele vor uns, für die einer der großen Luther-Interpreten – Sören Kierkegaard – den Ausdruck gefunden hat: »Er leidet an der Krankheit zum Tode.« Verzweiflung ist in diesem Sinn das Unvermögen, noch weiter leben zu können. Aber es ist auch kein Tod, sondern man erlebt sich wie bei lebendigem Leibe verflucht. Man kommt dort nicht mehr heraus. Ich bewundere Luther, stimme ihm innerlich aufs äußerste zu, daß er es herausgefunden hat: Es gibt aus dieser Hölle der Verzweiflung keine andere Rettung mehr, als sich bedingungslos in das Vertrauen Gottes zu werfen. Das ist ein Durchbruch der Erfahrung. Das ist nicht ausgeklügelt, das ist kein Theorem. Wer dies so nicht erlebt hat, begreift vermutlich gar nicht, wovon die Rede ist. Ich habe speziell die katholische Kirche stark im Verdacht, daß sie 500 Jahre nach Luther immer noch nicht begriffen hat, was Angst und Verzweiflung wirklich sind.
Jeziorowski: Eine weitere Strophe aus dem gleichen Lied: »Dem Teufel ich gefangen lag, mein Sünd mich quälte Nacht und Tag, darin ich war geboren. Ich fiel auch immer tiefer drein. Es was kein Guts am Leben mein ...« Ist das die Haltung letzter Verzweiflung?
Drewermann: Und zwar, genauer gesagt, der moralischen Verzweiflung, des zusammenbrechenden guten Willens, des Desasters der moralischen Selbstpanzerung. Natürlich liegt mir als Kind des zwanzigsten Jahrhunderts daran, den Teufel ein Stück weit zu entmythologisieren.

Mir liegt nahe, von seiten der Psychoanalyse lieber von Schatten zu sprechen, also von Verdrängtem, und den gesamten Zustand erst einmal mit psychologischen Mitteln als neurotische Abgespaltenheit zu beschreiben. Aber dann trifft es exakt zu. Menschen tun immer wieder genau das, was sie nicht wollen, weil auf der Hinterseite des Verdrängten, zum Beispiel auf dem Wege der Haltung, sie am Ende genau die Dinge wieder erreichen, die sie vermeiden wollten. Wer das einmal merkt, wird die Ohnmacht des guten Willens erkennen, wird Luther sogar darin zustimmen, daß er von der Unfreiheit des Willens spricht. Eine Formulierung, die jeden humanistischen Moralphilosophen ins Gesicht schlagen muß, die sich auch wirklich nur verstehen läßt, wenn man sie psychologisch und theologisch zugleich beschreibt.

Jeziorowski: Mir fällt in diesem Zusammenhang noch ein anderes Lied von Martin Luther ein: »Und wenn die Welt voll Teufel wär und wollt uns gar verschlingen, so fürchten wir uns nicht so sehr, es soll uns doch gelingen...«

Drewermann: Man hat Martin Luther gerne dargestellt als einen teutonischen Recken, als einen Ritter ohne Furcht und Tadel. So etwas klingt in diesen Worten natürlich an. Aber es ist gerade nicht der Luther, den es wirklich gab. Luther war derjenige, der aus der Gnade Gottes sein eigenes Ich zurückgewonnen hat, und dann konnte er sagen, als er zum Reichstag in Worms reisen mußte: »Und wenn in Worms so viele Teufel wären wie Schindeln auf den Dächern, ich muß dahin.« Das hat Luther gelernt, daß es der Wahrheit gegenüber kein Zurückweichen gibt. Das nun ist tatsächlich der ganze Jesus, der ganze erlösende Anspruch der Botschaft des Jesus von Nazareth. Nur die Angst, die wir absolut setzen, wird uns tot machen, nicht die Angst, die wir im Vertrauen auf Gott überwinden. Das sagen uns die wunderbaren Worte im Neuen Testament: »Fürchtet euch nicht vor denen, die den Leib töten, doch die Seele nicht töten können...« (Matthäus 10,28). Fürchtet allein Gott, will Jesus sagen. Nehmt einzig ihn ernst. Bei Gott kann man lernen, daß kein Haar von eurem Haupte fällt. Diese Sicherheit zu gewinnen, ist eine Bindung der Freiheit jenseits allen Zwangs, ist eine Wiedergeburt des eigenen Ichs im Gegenüber zu Gott. Das macht den Mann Luther so modern. Ich will dann auch nicht leugnen, daß es in dem Werk Luthers manche Angst-Fluchtmechanismen gibt, die auch seiner Theologie später Züge des quasi Fanatischen oder des Rechthaberischen gaben. Das war möglich vor allem unter den nun wirklich furchtbaren Herausforderungen, die ihm politisch und theologisch von Kirche und Staat zugemutet wurden.

Jeziorowski: Martin Luther war ein Christus-Verehrer eigener Qualität. Ich bringe ihn einmal zusammen mit einem Zitat von Drewermann. Sie nennen Jesus in Ihrem Markus-Kommentar die wohl rätselhafteste Gestalt der gesamten Menschheitsgeschichte. Ich verstehe diese Andeutung als ein Zeichen hohen Respekts. Welchen unverwechselbaren Platz hat dieser Jesus Christus in Ihrem Kampf gegen die Angst jetzt am Ende des zwanzigsten Jahrhunderts?

Drewermann: Die Gestalt Jesu ist für mich absolut und einzigartig dadurch, daß ich auf die Ängste, die mir bekannt geworden sind, im letzten keine andere Antwort weiß, als an Gott so zu glauben, wie Jesus es mich gelehrt hat: Geradeaus zu gehen, obwohl ich nicht weiter weiß. Das heißt auch, Menschen zu begleiten in Situationen, für die ich selber keine Lösung sehe; die Hände zu öffnen, selbst wenn ich nur fünf Brote habe und 5000 Menschen Essen brauchen; zu hoffen, daß die Schwachstellen, an denen die eigene Müdigkeit keine Kraft mehr gibt, um fremde Not zu tragen, aufgefangen werden können, auch wenn ich letztlich nicht weiß wie. Das meint, eine Hoffnung vor allem, daß das letzte Wort über unserem Leben einzig der Maßstab der Menschlichkeit ist, kein Gesetz, aber eine einfache Sprache des Mitleids, auf Menschen zugegangen zu sein, die nackt waren, die gefangen waren, die Hungernde waren, und man hat versucht, ihnen eine Würde wiederzugeben gegen das Schamgefühl, eine innere Offenheit gegen das Verriegeltsein, ein bißchen Liebe für ihre Sehnsucht. Es ist bei jeder lebendigen Bewegung in Richtung solcher Wahrheit die Erkenntnis ein Stück näher, wie unmittelbar die Person Jesu aus der Sphäre des Göttlichen zu uns gekommen ist.

Jeziorowski: Noch ein weiteres Zitat zur Perspektive »Todesangst«: »Die Frage nach der Todesangst ist im Grunde die Frage nach dem Sinn des Lebens; doch diese läßt sich positiv nur im Gegenüber einer absoluten Liebe beantworten« (›An der Grenze des Lebens‹, S. 159). Ob Jesus von diesem Gegenüber gelebt hat, ob er davon gewußt hat?

Drewermann: Davon bin ich ganz und gar überzeugt. In dem Moment, in dem Jesus stirbt, betet er, nach dem Zeugnis eines der Evangelisten, entsprechend einem Psalmwort: »In Deine Hände, Herr, lege (befehle) ich meinen Geist« (Lukas 23,46). Ich stelle mir vor, daß Jesus in diesem Moment selber nicht gewußt hat, was sein Leben wert ist, was aus seinem eigenen Werk werden wird, und er hat trotzdem ein Vertrauen gehabt, gegenüber dieser unsichtbaren Macht im Hintergrund mit allem, was er ist und war, sich überantworten zu können.

Die größte Todesangst besteht darin, daß wir das Leben fürchten. Wir versäumen dann so vieles, was dem Dasein

Sinn geben könnte, und haben am Ende vor dem Tod die schrecklichste Angst, weil er ein Dasein umschreibt, das leer geblieben ist, so wie wenn jemand Bilanz machen muß, und er müßte im Grunde den eigenen Bankrott mit unterschreiben. Umgekehrt, je mehr wir das Leben wagen im Vertrauen, desto weniger Grund werden wir haben, den Tod zu fürchten. Dies Unerhörte zeigt sich auf Golgatha, daß Jesus den Tod akzeptiert, ohne von seiner Wahrheit auch nur einen Deut zurückzunehmen, und am Ende sich zu seinem Gott bekennt, der wieder keine Garantie ist für das, was war, dem er aber dennoch vertraut.

Jeziorowski: Ob die Todesangst Christi uns aus der Angst helfen kann? Seine Gebete deuteten sie hier schon an, sie gehören hierher. Ob die Angst des Christus unsere Angst aufnehmen kann, unsere Angst heilen kann, der von sich sagt: Ich lebe, und ihr sollt auch leben?

Drewermann: Ich sehe in der ganzen Passionsgeschichte diese Spannung in bestimmten Gestalten und Handlungen dargestellt. Wir haben es ständig mit Menschen zu tun, die aus Angst sich selber und ihren Herrn verraten. Konfrontiert wird das alles mit der Angst von Gethsemane, mit einem Jesus, der gerade noch im Abendmahlsaal sich selber, seinen Leib, sein Blut, unter den Gestalten von Brot und Wein in die Hände der Menschen gegeben hat. Man hat oft bei der Auslegung dieses Bildes des Jesus von Gethsemane gemeint: Jesus habe Angst um sein eigenes Sterben oder um die Qual der Kreuzigung willen. Ich glaube, die Angst von Gethsemane ist viel unheimlicher. Es ist soviel an Wundern gewirkt worden, an Worten der Wahrheit und der Güte gesagt worden, an Beispielen des Vertrauens vorgelebt worden; wenn jetzt die Nacht über all das hereinfällt, und es behielte die Angst das letzte Wort – was wäre von Gott her auf die Menschen hin noch zu sagen und noch zu tun? Und wenn das Beispiel Jesu nicht ausreichen würde, auch nur den zwölf Jüngern entsprechend Halt zu geben, was würde die Menschheit noch alles tun müssen von Auschwitz bis Dachau, von Treblinka bis Bergen-Belsen? Das alles steht, denke ich, vor der Seele Jesu in Gethsemane. Ich glaube, er selber muß in diesem Moment lernen, was er in der Eucharistie selber getan hat. Wir denken uns die Dinge immer sehr einseitig, von uns auf Jesus hin. Wir fragen uns selten, was eigentlich er erlebt hat. Ich denke, Jesus hat in Gethsemane gelernt, selber die Eucharistie zu leben. Das, was er ist, legt er in die Hände dieser Jünger: Angsthasen, Schlafmützen, Feiglinge, Verräter, diesen schwachen Menschen überantwortet er alles, was er ist. Das muß er selber lernen. Es ist ein gefährlicher Abgrund. Dieselben Jünger werden weglaufen, wenn es darauf ankommt. Sie werden, statt ihn im Gebet zu begleiten, daliegen wie schlafende Hunde, werden mutig und großsprecherisch tun und in Wirklichkeit letztlich gar nichts bewirken. Unter dem Kreuz werden nur die Frauen der Liebe stehen, niemand von den Jüngern. Aber diesen Menschen, Wesen, wie wir es sind, schwache und gebrechliche, der Angst ausgelieferte, mühsam lernende, harthörige, wie Jesus mitunter sagt, herzensverhärtete, denen muß Jesus sich ausliefern mit allem, was er ist. Er besteht diese Angst durch den Engel des Trostes.

Psychotherapie und Seelsorge

Jeziorowski: Die Verzweiflung der Selbsterlösung aus der Angst soll ein Ende finden. Der Glaube an den Gott Israels, den Jesus vorbildlich gelebt hat, wird zum alleinigen

Ausweg. Wie können Theologie und Kirche diese verschüttete Wahrheit heute verstehbar weitergeben?
Drewermann: Ich glaube nur, indem man das Mittel der Psychoanalyse besser nützt. Einmal um zu erkennen, wieviel an Strategien der Selbsterlösung aus Angst in dem Charakteraufbau von Menschen eingefroren gegenwärtig sein kann, wie viele Verformungen des menschlichen Wesens aus Angst zustande kommen. Wer dafür weder Augen noch Ohren hat, der wird immer wieder an Menschen nur moralisch herummäkeln können. Er wird aber nicht verstehen, was in ihnen vorgeht. Er wird nicht einmal begreifen, daß das, was sie im einzelnen tun, doch nur Ausfluß ihrer Grundhaltungen, ihrer Grundgestimmtheiten, ihrer Persönlichkeit ist, so wie sie geworden ist. Wieviel gehört dazu, um die gebündelte Angst von Menschen abzutauen. Konkret könnte das natürlich geschehen in Verfahren, die stark an die Psychotherapie angelehnt sind. Ich bin immer wieder darüber erschrocken, zu sehen, wie Menschen, einfach indem man ihnen zuhört, indem man ihnen Mut macht, auszusprechen, was in ihnen vor sich geht, mitunter in wenigen Stunden Dinge sagen können, die sie oft jahrzehntelang verborgen haben. Mir als Unbekanntem tragen sie Dinge vor, die sie der eigenen Frau, dem eigenen Mann jahrelang sich verweigert haben mitzuteilen. Ich stelle mir einen Typ von Seelsorger vor, der viel personalintensiver wäre, als er heute ist, der den Menschen nachgeht, wo immer sie stehen.
Ich entsinne mich noch als Pfarrer am Anfang meiner Tätigkeit nach der Priesterweihe, wie hilflos ich bei Hausbesuchen war und wie verzweifelt ich mich bemühte, auf Fußball, auf Hobbies, auf Kaffeetrinken, auf körperliche Krankheit, auf irgend etwas einzugehen, nie aber die Fähigkeit hatte, die Tiefe im Gespräch wirklich zu erreichen,

die ich gefühlsmäßig suchen wollte und ohne Zweifel als Seelsorger hätte finden müssen. Durch die Psychotherapie kann man leicht lernen, wie man Gespräche führt, indem man das, was die subjektive Bedeutung des Mitgeteilten ist, aufgreift und also von der Äußerlichkeit der Betrachtung wegkommt. Wir in der Kirche interessieren uns immer noch auf allen Ebenen für das Äußere, das Faktische, das Machbare. Wir sind in diesem Sinne Materialisten, weil wir als Seelsorger auf die Seele viel zu wenig achten.

Jeziorowski: Ohne Gott landet der Mensch in seiner Angst in einer Katastrophe. Ich zitiere die ›Strukturen des Bösen‹ (Bd. III, S. 566): »Alles, was in der Gemeinschaft mit Gott gut ist, wird für den Menschen ohne Gott schlecht, böse.« Ich frage nach der Verstehbarkeit solcher Gedanken. Können Menschen heute in einer ethisch so komplizierten Welt damit zurechtkommen?

Drewermann: Ich hoffe, daß sie es begreifen in unseren Tagen, daß es sich so verhalten kann. Ich habe zum Beispiel mitbekommen, wie Ende der fünfziger Jahre, speziell wieder die katholische Kirche, ungehemmt für die Aufrüstung der Bundesrepublik Deutschland eintrat. Sie glaubte damals ohne Zweifel in ihrer Angst vor dem Bolschewismus, politische Verantwortung zu artikulieren und etwas Richtiges zu betreiben. Ich hoffe, daß wir inzwischen nach über 35 Jahren feststellen können, in welchem Maße wir mit einem Wehretat von einem Fünftel unseres Bundeshaushaltes dazu beigetragen haben, die Natur gewaltig zu verwüsten, das Massenelend in der Dritten Welt extrem zu fördern und daß wir unsere Angst in einer Weise beantwortet haben, die im Bestreben, etwas Gutes zu schaffen, außerordentlich viel Zerstörerisches mit sich gebracht hat. Ich sehe einmal davon ab, was es bedeutet, daß es heute noch in unserem Staat keinen jungen Mann gibt im Alter

von 18 Jahren, der sich nicht mit der Frage auseinandersetzen muß, ob er nicht pflichtgemäß lernen soll, Menschen zu töten, wenn es befohlen wird von Menschen, die das für nötig halten. Ich sehe nicht, wie wir aus dieser Dialektik einfach heraustreten könnten, außer wir lernen, die Angst selber aufzubrechen durch Wege der Verständigung zwischen den Menschen und zwischen den Staaten. Um ein Beispiel in unserer Zeit aufzugreifen, daß es zwischen Gerechtigkeit, wie der Kommunismus sie dem Ideal nach verkündete, und Freiheit, wie wir sie in der westlichen Welt etabliert sehen wollen, keinen Gegensatz geben darf. Das ist nur eines der vielen Beispiele. Im Privaten läßt sich zeigen, was Menschen alles arrangieren können, in der Erziehung ihrer Kinder es etwa übergut meinen und am Ende genau das Gegenteil erreichen.
Eine Mutter beklagt sich darüber, daß ihre Tochter drogenabhängig geworden ist, und begreift nach vielen Stunden des Gesprächs eigentlich erst, daß die Drogenabhängigkeit der Tochter den Grund in dem eigenen verweigerten Leben der Mutter hat. Dies nun zu begreifen, daß eine Frau alles richtig machen wollte und am Ende ihre Tochter ruiniert hat, nur weil sie selber, die Mutter, nie gewagt hat, für ihr eigenes Glück zu leben. Sie hat sich an ihre Tochter geklammert wie an einen Strohhalm vor dem Ertrinken und sie deshalb in den Abgrund gezogen, aus dem sie selber sich retten wollte. Das sind wichtige Erfahrungen aus der Psychotherapie. Sie sind so erschütternd, daß ich am Ende wieder keine andere Antwort weiß als die einer Vergebung, die uns ganz und gar umfaßt.
Jeziorowski: Und das halten Sie für vermittelbar. Der Theologe Drewermann will Psychoanalyse und Theologie miteinander ins Gespräch bringen, vielleicht sogar miteinander versöhnen. Konkurrenz und Eifersucht halten Sie

hier für deplaziert. Ein Zitat aus ›An den Grenzen des Lebens‹ (S. 215): »Nirgendwo sind Psychoanalyse und Theologie einander näher als im Sieg über die Angst, als in der Bewährung des Menschen durch die Bewahrung in Gott.« Ob Sie hier schon einiges erreicht haben, ob Sie mit dem Erreichten zufrieden sind?

Drewermann: Einiges erreicht habe ich, glaube ich wohl, nicht zuletzt durch das Buch ›Kleriker‹, das 1989 erschienen ist. Es gibt Hunderte von Rückmeldungen, viele persönliche Gespräche mit mir darüber von Menschen, die sagen, dies Buch buchstäblich habe ihnen das Leben gerettet. Es sei das Wichtigste, was sie je gelesen hätten. Dieses Buch fordert die Leute auf, den eigenen Erfahrungen wieder zu glauben, die eigene Biographie an die Kirche zurückzumelden, den Amtsträgern zu sagen: Das habt ihr mit uns gemacht und das macht ihr mit uns nicht weiter! Diese Kirche von mündigen Menschen, die den eigenen Gedanken, den eigenen Gefühlen und Erfahrungen wieder Glauben zuzumessen lernen, die auch das Vertrauen haben, daß Gott mit ihrem eigenen Leben etwas vor hat, und die sich weigern, die bloßen Abziehbilder und Schablonen eines allgemeinen, kollektiven Apparates zu sein, wünsche ich natürlich als Träger der kommenden Kirche. In dieser Richtung habe ich ohne Zweifel einiges erreicht. Ich sage mir im übrigen dabei, diese notwendige Versöhnung von Therapie und Seelsorge, von Psychoanalyse und Theologie auf allen Ebenen, ist so überreif und notwendig, daß sie mehr zufällig sich mit meinem Namen verbindet, der Sache nach davon aber völlig abtrennbar ist. Mich quält die Tatsache, daß ich Dinge sage, die vor 60 Jahren bereits nötig gewesen wären und die in gewissem Sinne außerhalb der Kirche sich offenbar viel leichter begreifbar machen lassen als in der Kirche. Mir tut es bitter leid, in einer Situation zu leben, in der die katholische Kirche, speziell die römisch-katholische Kirche, förmlich zu einer Entscheidung gezwungen werden muß über das, was sie wirklich will: entweder die Rückkehr zu gußeisernen, stabilen Amtsstrukturen mit einer objektiv garantierten Wahrheit, mit einer Bindung Gottes an ein Gott-stellvertretendes Lehramt, oder die Freiheit eines Christenmenschen, wie sie seit 450 Jahren, seit der Reformation an die katholische Kirche angemeldet wird. Ich wäre sehr froh und sähe mein Hauptanliegen darin, daß der Ansatz der Reformation in der katholischen Kirche endlich Grund und Wurzeln fassen könnte.

Jeziorowski: Haben Sie Hoffnung, daß da bereits gelernt wird auf diesem sensiblen Gebiet?

Drewermann: Theologisch muß ich die Hoffnung haben. Rein menschlich von dem, was ich sehe, habe ich sie längst abgeschrieben. Ich sage mir aber, daß beide Konfessionen dies werden begreifen müssen, ob sie wollen oder nicht. Es kann eine Subjektivität nicht wahr sein, solange sie viele objektive Inhalte, auch Stützen der Freiheit, auch haltgebende Formen von Sakrament und Ritual zum Überflüssigen erklärt. Es kann umgekehrt eine Objektivität nicht in der Wahrheit sein, die sich um die Fragen des subjektiven Vollzugs in Angst und Verzweiflung überhaupt nicht kümmert. Beides muß eine Einheit bilden, oder wir sind keine wahren Christen. Das steht auf dem Spiel.

Jeziorowski: Noch eine ganz persönliche Frage. Der Mensch und Theologe Eugen Drewermann kennt auch Angst. Wie gehen Sie selbst mit Angst um?

Drewermann: Es gibt für mich zwei Formen von Angst. Die eine habe ich ein Stück weit hinter mir, so hoffe ich. Das ist die Angst vor Menschen. Ich habe gemerkt, wieviel Angst meine eigenen Vorgesetzten haben, und habe aufge-

hört, sie zu fürchten. Ich habe gesehen, wieviel man über Menschen sagen und schreiben kann, bloß um sich selber zu beruhigen. Ich habe daher nicht mehr allzuviel Angst vor dem, was man schreiben und sagen könnte.
Eine Angst bleibt mir, und dafür habe ich keine andere Antwort, als sie Gott zurückzugeben. Das ist die Angst, daß ich Menschen bei allem guten Willen vielleicht schädigen und verwirren könnte. Es ist, Gott sei Dank, bis zuletzt jedenfalls, noch nie passiert. Aber ich kann es niemals ganz ausschließen, daß beim Versuch zu helfen Fehler vorkommen, die nicht wiedergutzumachen sind.
Die andere Angst ist, nichts mehr zu sein als ein Mensch, der also anderen fehlen wird, nicht nur Fehler zu begehen, sondern einfach zu fehlen, da wo man nötig wäre. Das erlebe ich immer wieder, und davor habe ich ständig Angst. Es wird eines Tages der Augenblick kommen, wo es Menschen gibt, die ich schützen möchte und müßte, und die ich nicht schützen kann. Das sind Augenblicke, in denen ich für die Angst nichts anderes weiß, als dem lieben Gott vertrauensvoll zu sagen: Es ist deine Welt, und mach mit ihr, was du willst.
Jeziorowski: Ich glaube Ihnen, daß Sie vor der Institution Kirche und ihrer Hierarchie keine Angst haben. Aber schreibt Drewermann nicht doch an gegen die Angst?
Drewermann: Ich möchte vor allem von den Menschen, denen ich beibringe, weniger Angst zu haben, die Notiz zurückmelden, daß vor dieser Kirche sich zu fürchten absolut nicht lohnt. Jedenfalls nicht, wenn man schaut auf den Mann Jesus von Nazareth. Jesus hat das, was in der Kirche Angst macht, jedenfalls nicht gewollt. Da bin ich sicher.

»Der Kerngedanke Jesu: Ein jeder sei der Angehörige eines unsichtbaren Königreiches, ein jeder sei berufen, die Egozentrik der Angst zu verlassen und sich zu einer Haltung des Vertrauens zu öffnen, ein jeder habe von Gott her die Möglichkeit, die seelischen Abspaltungen der Angst, die Herrschaft der ›Dämonen‹ rückgängig zu machen und an Leib und Seele in der Kraft eines gnädigeren Lebens heil zu werden – diese Überzeugung lebte in Christus, und sie wollte er vermitteln.«
(Drewermann: »An den Grenzen des Lebens«, S. 255)

2. Erlösung aus der Angst

Gespräch mit Eugen Drewermann in den »Lutherischen Monatsheften« Nr. 5/88.

Friedrich Johannsen (Hannover) und Jürgen Jeziorowski sprachen im Frühjahr 1988 mit Drewermann in Paderborn. Lange bevor es lauter wurde um den Theologen aus

Paderborn, brachten die »Lutherischen Monatshefte« dieses Interview heraus. Die freundliche Abdruckerlaubnis erteilte das Lutherische Verlagshaus in Hannover für diese Publikation.

Lutherische Monatshefte: Herr Dr. Drewermann, die Kirche ist mit den Fragen der Aufklärung bis heute nicht zurechtgekommen. Was werfen Sie Kirche und Theologie an Nichtbewältigung vor?
Drewermann: Die Aufklärung hat ein äußerst widersprüchliches Erbe hinterlassen. Die eine Schwierigkeit, die für die römisch-katholische Kirche bis heute in der Auseinandersetzung mit der Aufklärung geblieben ist, besteht in der geistigen Durchdringung von Natur und Gesellschaft inklusive des Freiheitsanspruchs, der dem einzelnen im demokratischen Staatsideal zugebilligt wird und damit im Gegensatz zur hierarchischen Struktur der katholischen Kirche fundamental die Wählbarkeit und die Delegation von Macht durch das Volk voraussetzt. Auf der anderen Seite muß man sehen, daß es theologischerseits kaum möglich ist, Aufklärung nur zu begrüßen. Mir scheint sie darin einseitig, daß sie sich rational verengt hat, indem sie als wesentlichen Zugang zum Verständnis von Natur und Menschenwelt zentral die Kategorien des vernünftigen Denkens angestrengt hat. Sehr vernachlässigt hat sie die Welt der Gefühle, der Bilder, der Symbole, die mir vor allem für die Religion wesentlich scheint.
Der Protest gegen die Aufklärung ist schon vor 130 Jahren in der Romantik artikuliert worden. Mir scheint, daß die katholische Kirche beide Stränge, in denen die Aufklärung in Identität und Widerspruch fortwirkt, in einer frontalen

Abwehr bis in die Gegenwart kaum mitvollzogen, sich gewissermaßen außerhalb der geistigen Entwicklung gestellt hat und deshalb in ihren Antworten zu kurz bleibt. Wir brauchen auf der einen Seite das, was Karl Rahner im Nacharbeiten der Aufklärungsphilosophie unter dem Stichwort der anthropologischen Wende versucht hat: eine transzendentale Reflexion über die Bedingungen möglicher Offenbarung. Doch das müßte ergänzt werden, indem nicht nur die linke Hirnhälfte mit den Sprachzentren, sondern auch die rechte Hirnhälfte mit ihren Bildzentren komplementär zum Verständnis von Menschsein und Offenbarung Gottes bemüht wird. Wir brauchten in Ergänzung des transzendental-philosophischen Ansatzes die von der Tiefenpsychologie getragene Neubesinnung auf Strukturen der Vorstellung des Gefühls der symbolischen Szenarien, Welt und Menschsein zu deuten. Und diese zweite Ebene halte ich für wesentlicher als die erste, denn Gedanken sind relativ, sekundär, gemessen an dem, was im Gefühlsbereich an Angst, an Not, an Verzweiflung aufsteigen kann.

Lutherische Monatshefte: Sie sagen, die großen Themen und Wahrheiten liegen in den Tiefenschichten der menschlichen Psyche. Auf der anderen Seite ist für die theologische Tradition Gott unverfügbar: Gott spricht den Menschen von außen an. Sie sagen, daß Sie das Gefühlselement als das tiefergehende, als das eigentliche ansehen. Darin gründet wohl auch der gegen Sie erhobene Vorwurf zu gnostizieren (also auf einen mystischen Erkenntnisvorgang abzuzielen). Wie bringen Sie diese beiden Ebenen zusammen: Gott von außen und die Tiefenschichten im Menschen?

Drewermann: Ich stimme dem Erbe der Dialektischen Theologie sehr zu. Gott ist kein Teil der menschlichen

Psyche, und wenn das mit Gnosis gemeint wäre, bin ich schärfstens Antignostiker. Ich habe von Sören Kierkegaard gelernt, als das Zentralproblem des menschlichen Daseins die Angst zu verstehen. Ich benutze die Tiefenpsychologie wesentlich zu dem Zweck, konkret zu machen, in welchen Formen Angst erlebbar ist – gerade auf dem Hintergrund einer Existenz, die Gott aus den Augen verloren hat. Insofern liegt mir daran, jeder Vorstellung einer Welt- oder Selbsterlösung zu widersprechen. Denn wenn Angst das Grundproblem menschlichen Daseins ist, dann beantwortet es sich niemals, indem ich mich selber bemühe, mich so ansehnlich, so notwendig, so berechtigt wie irgend möglich durch Leistung darzustellen. Die Angst des menschlichen Daseins kann sich nur beruhigen im Gegenüber eines absoluten Willens, der möchte, daß wir sind. Dieser Wille ist für den Theologen, für den Gläubigen Gott. Auf der anderen Seite ist das gerade das Kennzeichen des Sprechens von Gott, daß er die Wege öffnet, auf denen wir unser menschliches Dasein zu vollziehen vermögen. Die Bibel hat ganz recht: Wir können Gott nicht sehen, wie er an sich ist, allenfalls seine Rückseite. Wir vertragen nicht, Gott unmittelbar gegenüberzutreten. Die Art, wie Gott zu uns spricht, ist ähnlich der Offenbarung des Lichts in den Blumen. Es ist die Wärme und die Helligkeit, die sie zum Licht hin öffnet. Und das ist es, was uns an Güte, an Nähe, an Vertrauen entgegengebracht wird, die Art, wie Gott sich offenbart als Person im Hintergrund jedes Aktes menschlicher Bejahung. Umgekehrt gewinnen wir mit unserer Angst durch solche Begegnungen ein Vertrauen, das es möglich macht, jenseits aller Gefährdungen und aller Abgründe an eine vorgängige Güte der Welt zu glauben, die selber in sich die Gestalt einer Person hat.

Lutherische Monatshefte: Sie sprechen in Ihren umfangreichen Büchern oft von der Einheit von Gottfindung und Selbstfindung. Wird so nicht der Glaube in Psychologie aufgelöst?

Drewermann: Ich glaube, daß Selbstfindung und Gottfindung die Voraussetzung ein und desselben Vorgangs darstellen. So nämlich, daß wir Gott nur finden, indem wir möglichst intensiv unter den Bedingungen, in die wir hineingestellt sind, versuchen, Mensch zu sein, und das kann oft genug geschehen durch Widerspruch, Leid und Schmerz. Wenn ich Selbstfindung sage, meine ich keineswegs ein subjektiv gelungenes und zu Ende gekommenes Dasein. Aber den Versuch, ein solches zu leben, niemals aufzugeben, halte ich für ein wesentliches Stück Glauben. Umgekehrt scheint es mir, daß, je sichtbarer ein Mensch das zu leben vermag gegen alle Angst, was in ihm angelegt ist, was sein Wesen ist, er dann für sich selbst und für die Menschen an seiner Seite wie ein Fenster wirkt, durch das sehr viel Licht Gottes hineinfällt. Wir sehen Gott nie anders als durch die Menschlichkeit anderer Menschen.

Lutherische Monatshefte: Jesus Christus steht für Sie zentral auf dem Weg von der Angst zum Vertrauen. Wie begegnen Sie dem Vorwurf, in Ihrem theologischen Ansatz sei Jesus Christus austauschbar oder gar nicht nötig?

Drewermann: Gerade umgekehrt glaube ich zeigen zu können, vom Zentralansatz der Erlösungsbedüftigkeit des Menschen von Angst, daß wir im Christentum auf ein Problem zu antworten versuchen, das keine Religion in dieser Weise zu sehen vermocht hat. Die einzige große Erlösungsreligion ist der Buddhismus. Er versucht, den Menschen herauszulösen aus dem Leid einer endlichen Welt, ihn zu befreien von der Einbindung in eine Natur, die sein eigenes Wesen unbefriedigt zurücklassen muß und ihm deshalb leer und nichtig erscheint. Darin ist viel Wahres. Und wenn man in der Religionsgeschichte nach einer Gestalt sucht, die man neben Jesus stellen könnte, so müßte man es nach einem Wort von Guardini ganz sicherlich mit dem Gauthama Buddha tun. Dann aber wird der Unterschied groß. Buddha lehrt eine Selbsterlösungsreligion in dem Sinne, daß ein Mensch bis in die Tiefe hinein sich darüber klar sein kann, was sein eigenes Wesen ist und womit er in der Welt nicht identisch sein sollte, um seine Wahrheit zu finden. Das Problem des Jesus von Nazareth ist ein ganz anderes, nämlich, daß wir Menschen an uns selbst zugrunde gehen an Angst, die sich nur lösen läßt durch ein vorbehaltloses Vertrauen gegenüber Gott, den er seinen Vater nennt. Das Problem Jesu ist nicht das des Leidens an der Natur oder an der Endlichkeit der Welt, sondern viel konkreter an der Angst, die uns Menschen überfällt, wenn wir in einer Welt leben, die auf keine Frage, die wir an sie richten, wirklich antwortet. Einem Tod ausgeliefert zu sein, den wir ständig in die eigene Praxis übernehmen durch die Angst, die wir haben, Person zu sein. Die Angst, die es kostet, als Individuen zu existieren, wird nirgendwo sonst in dieser Klarheit ausformuliert, im Christentum nirgendwo deutlicher reflektiert als in den ersten drei Jahrhunderten der frühen Kirche. Im Grunde war es diese Spannung – Gott und die unsterbliche Seele – wie es in der Frühzeit des Christentums die Kirchenväter formulierten.

Mehr brauchten die ersten zwei Jahrhunderte nicht, um Jesus zu verstehen. Mir scheint dieser Ansatz wichtig, weil er zeigt, daß das Christentum nicht auf jede Problematik antwortet. Wir brauchen, um uns zu verstehen, dabei auch die Kommentare und die Überlieferung anderer Religionen. Das Problem, auf das das Christentum spezifisch und da nun exklusiv antwortet, ist das der menschlichen Angst. Und so verstehe ich Gethsemane und Golgatha als Durcharbeiten eines Extrems von menschlicher Angst und Erlösungsbedürftigkeit. Für Buddha genügte es, unter einem Baum zu meditieren. Für die menschliche Angst genügt keine andere Antwort, als daß wir lernen, daß ein Maximum an Angst in der Gestalt des Jesus von Nazareth nicht verhindern kann, Gott zu glauben, und sei es gegen alle Welt.

Lutherische Monatshefte: Zu Ihrem Umgang mit der Bibel: Sie sagen, es sei nicht möglich, die Botschaft des Glaubens auf Tatsachen zu begründen. Sie betonen dafür die Bedeutung von Tatsachen mit Hilfe symbolischer Erzählungen. Bleibt die Tiefenpsychologie der einzig fruchtbare Zugang zur Bibel heute? Ist für Sie der reale politische Hintergrund von Texten nicht wichtig?

Drewermann: Es wäre nicht richtig, wollte man tiefenpsychologische Interpretation religiöser Texte in Gegensatz zur Wirklichkeit des Historischen setzen. Umgekehrt: Symbolismus eröffnet den Zugang zu dem, was geschichtlich »wirklich« ist. Wenn wir aus der Evangelientradition des Neuen Testaments die objektive Historie des Jesus von Nazareth nicht rekonstruieren können und bei dem Bultmannschen Graben stehenbleiben zwischen dem Jesus von Nazareth und dem Christus des Glaubens, ist das Problem der Glaubwürdigkeit der christlichen Botschaft niemals zu lösen. Aber eben um die Bedeutung des Jesus von Nazareth zu verstehen, tut die Bibel richtig, daß sie nicht seine äußere Geschichte reflektiert, sondern das wiedergibt, was Menschen erfahren und dann durch die Sprache der eigenen Symbolik mit ihm wie eine Mandorla um seine Gestalt gelegt haben. Der Weg führt von den Symbolen nie zurück in die äußere Geschichte, sondern immer in die Erlebniswelt der Zeugen und vermag deshalb einen Brückenschlag zu vollziehen, der bis in die Gegenwart dazu nötigt, daß wir selber in die Zeugenschaft des Jesus von Nazareth eintreten. Diese zeitlos gültige schwebende Sprache ist gerade das Eigentümliche des Religiösen, nicht um die Historizität Jesu, des Moses oder des Exodus Israels zu leugnen, sondern um zu zeigen, welche Bedeutung darin liegt.

Es ist möglich, daß Sie heute nacht einen Traum haben von Ihrem Vater oder Ihrer Mutter, die womöglich schon vor Jahren gestorben sind. Sie haben inzwischen kein neues historisches Material mehr zur Verfügung gestellt bekommen, ihre Erinnerung ist schon verblaßt. Es kann aber der symbolische Traum der heutigen Nacht über das, was Ihre Mutter oder Ihr Vater waren oder sind, Deutlicheres sagen, als wenn Sie noch ein altes Tagebuch von damals aufschlagen. In diesem Sinne sind Symbole die Zugangswege zum Geschichtlichen; sie leugnen nicht die Geschichte, sondern machen sie erst sichtbar. Ich nehme, um das zu zeigen, eine Erinnerung, die mir eine Ordensschwester vor Jahren gegeben hat. Sie schildert, wie sie als vierjähriges Mädchen in einer Kleinstadt in eine Straßenbahn gegangen ist. Voller Angst hat sie dann ihren Vater, der sie begleitete, genötigt, nicht einzusteigen. Die Straßenbahn ist wenig später verunglückt beim Zusammenstoß mit einem Lkw. Bei der Psychoanalyse kamen wir dann darauf, daß diese kleine Geschichte für jahrelange Angst vor dem Vater steht, der ein Alkoholiker war und den umgekehrt das Mädchen in die Stadt begleiten mußte, damit er nicht in die Wirtschaft ging. Der Verkehrszusammenstoß steht als psychoanalytisches Symbol für die enormen Auseinander-

setzungen zwischen Vater und Mutter, wenn der Mann betrunken nach Hause kam und von seiner Frau sexuell alles mögliche wollte und sie sich wehrte. Kurz, es handelt sich um Alpträume, die diese Frau als Mädchen jahrelang durchgemacht hat.
Wir sind jetzt in der Lage, im Stadtarchiv der besagten Stadt nachzuschauen, ob sich derzeit irgendein Unfall zwischen Straßenbahn und Lkw ereignet hat. Genauso würden wir im Neuen und Alten Testament nach Vergleichsquellen suchen, würden Archäologen heranlassen, würden außerbiblische Texte zum Kommentar heranziehen. Entscheidend ist, welch eine Art von geschichtlicher Wirklichkeit wir finden wollen. Wir sind aus dem Symbolbestand der Erinnerungen nicht imstande, allein aus der Erzählung dieser Frau zu wissen, ob sie je in der Stadt gewesen ist, je die Straßenbahn betreten hat, ob je die Straßenbahn mit einem Lkw kollidiert ist. Das alles ist Symbol. Es kann sein, muß aber nicht sein. Genau diese Spannung haben wir in der Exegese vor Augen.
Was ich mit tiefenpsychologischer Textinterpretation möchte, ist das, was die mittelalterliche Mystik wollte, wenn sie sagte, Gott spricht im Seelenzünglein, kommt darin zum Leuchten. Wenn Meister Eckhart beispielsweise bei der Tempelreinigung (Markus 11) sagt: »Der Tempel aber ist unser Herz« – hat das nichts zu tun mit den Machenschaften der Hannasgruppe und ihren Wechselstuben im Heidenvorhof, sondern mit der Habgier, dem Machtstreben, das es für Menschen aller Zeiten gibt. Ich möchte, daß wir unter den Voraussetzungen des heutigen Wissens um die Strukturen der menschlichen Psyche, um Ethnologie, um Tiefenpsychologie, um Verhaltensforschung, auf dem Wissensstand, der uns heute zugänglich ist, das Anliegen der Mystik ins 20. Jahrhundert übersetzen.

Lutherische Monatshefte: Kommt das historisch-kritische Erbe bei Ihnen nicht zu kurz? Ebenso wie auch die politische Dimension der Überlieferung?

Drewermann: Ich lege die historisch-kritische Methode nicht beiseite, sondern setze sie voraus. Ich habe ihr nie vorgeworfen, daß sie historisch-kritisch arbeitet, sondern daß sie auf Schritt und Tritt dabei in Gefahr kommt, nur historisch-kritisch sein zu wollen. Wenn sie das tut, wird sie bei keinem Sprechen von Gott, vom Menschensohn oder vom Messias darüber hinauskommen, historische Begriffe zu tradieren, deren Gegenwartsbedeutung nicht klar ist, indem der Symbolismus der Formen, die theologisch in der Bibel verwandt werden, selber nicht mehr mitreflektiert wird. Man hat es immer dann nur zu tun mit zeitbedingter Redeweise, man kommt nicht dazu, die anthropologischen Strukturen mitzusehen, die in diesen Sprechweisen zu allen Zeiten notwendig waren.

Ein Problem stellt für mich die Übertragung religiöser Botschaften in den Raum des Politischen dar. Nicht, weil ich leugnen würde, daß Archetypen, religiöser Symbolismus auch kollektive und gesellschaftliche Bedeutung haben, sondern weil ich sehe, daß sie zu viel davon haben. Das Problem ist, daß Sie mit Hilfe religiöser Symbole, archetypischer Chiffren nie anders in den Raum des Politischen eintreten können als durch kollektive Deutung geschichtlicher Prozesse. Was Sie dann ansprechen, ist die Massenpsychologie mit aller Gefährlichkeit, die dazu gehört. Sie haben auch mit der Verführungskraft archetypischer Chiffren zu tun. Der Prophet mit dem Schwert zum Beispiel ist im Alten Testament ein sehr massives Bild, das im islamischen Raum bis in die Tage des Khomeini mächtig weiterwirkt und alles andere als ungefährlich ist. Außerdem glaube ich, daß wir mit Hilfe bloßer Symbole zwar

Zeichen setzen können, um Gruppen zu formieren, aber außerstande sind, analytisch gesellschaftliche, politische, historische Prozesse zu reflektieren. Was mir am Christentum nun mehr existentiell zu sein scheint, ist, daß es Erlösung nur gibt durch die Bekehrung, durch Umkehr und den Wechsel des Paradigmas vom Tod zum Leben im Dasein des einzelnen. Da ist die Trennwand auch zwischen Christentum und Judentum. Das Judentum ist eine Religion des Volkes. Den Christen erscheint auch das Volk Israel, jedes Volk, jede geschichtliche Größe als zweifelhaft, ehe sie nicht durchgearbeitet wird bis in die Tiefe, so daß noch einmal ein Neuanfang ermöglicht wird. Zum Christentum kommt man nur als einzelner. Und dann läßt sich zeigen, daß die Psychonanalyse, die Tiefenpsychologie im Verstehen von Erlösung natürlich auch gesellschaftsverändernd wirkt.

Lutherische Monatshefte: Sie sprechen davon, daß bis zu siebzig Prozent der Menschen unserer Großstädte seelisch krank sind. Welchen Anteil haben Theologie und Kirche an dieser Neurotisierung, welche Funktion hat eine angstmachende Moral?

Drewermann: Der Anteil der Kirche an diesem Problem ist erheblich, indem wir Erlösung für etwas in der Kindertaufe Abgemachtes erklären und dann lediglich noch die Bedingungen formulieren, die dazu gehören, als Kirchenmitglied geordnet zu leben. Auf diese Weise wird es eine Erlösungsreligion, ein Moralismus mit ein paar Zusatzforderungen, die wir aus der Bergpredigt beziehen, eine Ethik, die in bestimmten Identifikationspunkten des Christlichen sich unterscheidet vom bürgerlichen Normalmaß. In der katholischen Kirche ist die Frage der Verheiratung Geschiedener ein solcher Identifikationspunkt. Um Katholik zu sein, darf eine Wiederverheiratung niemals zugelassen werden, während sonst Ehescheidungen (hunderttausend im Jahr) das bundesdeutsche statistische Mittelmaß geworden sind. Mir scheint neurotisch zu wirken, daß die Kirche zuviel voraussetzt, wenn sie die Voraussetzungen, Menschen von Angst zu befreien, die Tragödien ihres Lebens verstehend und begleitend durchzuarbeiten, gleich mit den Ausformulierungen eines erlösten Lebens konfrontiert, die dann Gebotscharakter haben. Wir haben nicht genügend Raum in der Kirche, um dort zu lernen, daß wir die Menschen nötigen, zu früh fertig zu sein, und genau das produzieren, was man Zwangsneurose nennt. Menschen, die nie Kinder sein dürfen, ehe sie schon Frauen und Männer sein müssen, die nie Frauen und Männer sein dürfen, ehe sie schon Mütter und Väter sein müssen. Wir drehen an jeder Stelle die Ordnung um.

Hinzu kommt die Aufspaltung zwischen Denken und Fühlen, die ich auch für strukturell im christlichen Abendland halte, indem man in der Theologiegeschichte wesentlich die Interpretation der Offenbarung in Verstandeskategorien gefaßt hat. Man hat den Mythos bekämpft und damit auch die mythenbildenden Schichten der menschlichen Psyche. Man hat Offenbarung gesetzt als Mitteilung Gottes in Form von Geboten und intellektuell nachvollziehbaren Glaubensinhalten, hat aber dabei das Mitträumen, das Mitschwingen des Innenraumes der Seele beinahe gefürchtet. Man hat die Triebwelt moralisch verächtlich gemacht und bekämpft. Man hat alles, was man in der Seele des Menschen nicht verstand, dämonisiert, satanisiert. Darin kann man bei Origenes schon eine Menge lernen. Es ist betrüblich, daß die Psychologie der Griechen, die ionische Aufklärung im 5. Jahrhundert vor Christus, achthundert Jahre später im Christentum wieder rückgängig gemacht wird und dann über noch mal achthundert Jahre bis zur Renaissancezeit brach liegenbleibt. Das sind geistige Erschwernisse, die das Christentum ins Abendland gebracht hat, für die man es nicht schuldlos sprechen kann. Hinzu kommt die Sexualmoral, auf die einzugehen ich für überflüssig halte, weil dies Problem evident sein dürfte.

Lutherische Monatshefte: Sie schreiben, Gott hat ein Recht, daß seine Schöpfung nicht durch Angst verwüstet wird und es nicht erlaubt ist, vor der Macht des Bösen zu kapitulieren. Sehen Sie hier Ihren Beitrag in der Tradition der Priesterärzte?

Drewermann: Die Frage ist, was man als böse versteht. Paul Tillich hat vor über fünfzig Jahren schon gesagt: ›Der Begriff »Erbsünde« ist vermutlich gar nicht mehr zu retten, weil er nur Mißverständnisse und falsche Assoziationen erzeugt.‹ Das gilt für den Begriff Sünde generell, mit dem in der christlichen Theologie der Begriff des Bösen umschrieben wird. Mit Sünde ist dann die Übertretung bestimmter Gebote gemeint, die Gott erlassen hat und die wir Menschen aufgrund freier Willensentscheidung nicht einhalten. Stünde es nur so, dann bliebe das Christentum tatsächlich hinter seinen ethischen Voraussetzungen zurück. Ein Mensch kann gut sein, wenn er will, und er ist böse, wenn er es nicht will. Umgekehrt erscheint Gott als ein Gesetzgeber von außen, die Gebote sind etwas positiv Gesetztes. Wir müssen heute lernen von der Soziologie und von der Psychologie, daß wir unter Sünde wesentlich Zustände der Entfremdung beschreiben. Wir könnten von der Existenzphilosophie lernen, was es heißt, in »Uneigentlichkeit« zu leben. Von der Tiefenpsychologie könnten wir lernen, was es heißt, in sich eine Vielzahl von Gestalten frühkindlicher Gewaltherrschaft verinnerlicht zu haben, die jetzt auf dem Terrain ihres Ichs fungieren, wie fremde Geister, wie dämonische Mächte. Wir könnten von der Soziologie lernen, wieviel an struktureller Gewalt existiert. Tiefenpsychologie und Sozialkritik hängen sehr wohl zusammen. Dabei könnten wir das, was früher Sünde hieß, konkreter, zeitnaher und existentieller ausformulieren, und ich möchte mit Hilfe der Tiefenpsychologie tatsächlich den vielfältigen Tragödien nachgehen, die im individuellen Leben sichtbar werden.

Lutherische Monatshefte: Sie haben Tillich erwähnt, und vieles von dem, was Sie sagten, erinnert an seine Theologie. Tillich ist ein protestantischer Theologe. Können Sie mit seiner Grundlinie etwas anfangen?

Drewermann: Ich kann schon deshalb viel mit Tillich anfangen, weil ich ihn auf dem Hintergrund Sören Kierkegaards sehe, der für mich ganz wichtig ist.

Lutherische Monatshefte: Ist Kierkegaard, der letzte Prophet des 19. Jahrhunderts, der größte Prophet für Sie?

Drewermann: Das ist er für mich ohne Zweifel. Er ist für mich genial im Vorwegnehmen der Existenzphilosophie. Nicht nur seine Ableitung der vielen Formen von Verzweiflung greift über 120 Jahre vorweg, was wir heute Daseinsanalyse nennen, als die von Heidegger bestimmte Umkehrung der psychoanalytischen Perspektive. Kierkegaard scheint mir außerordentlich aktuell zu sein. Daran schließen meine Überlegungen zur Erlösungsbedürftigkeit und Unmöglichkeit von Selbsterlösung im Raum der Dialektischen Theologie an. Und was Tillich betrifft, sein Verständnis für Tiefenpsychologie und Existenzphilosophie, die er beide aufnimmt, weiß ich zu schätzen. Tillich ist einer der ganz wenigen Theologen, die verstanden haben, was Sartres existentiale Psychoanalyse wollte, und der das rezipiert hat. Ein zweiter Autor, der mir wichtig ist neben den Exegeten, ist Bonhoeffer, den ich selten zitiere, fast aus Dankbarkeit, um ihn nicht zu entwerten.

Lutherische Monatshefte: Am Ende Ihres ersten Bandes »Tiefenpsychologie und Exegese« bringen Sie eine aufregende Exegese von Matthäus 1 und 2 (Jesu Geburt): »Jungfräuliche Geburt als mythisches Symbol ein Wunder der Seele, nicht des Leibes, eine Wandlung und Verjüngung des Bewußtseins.« Provozieren Sie hier nicht Konflikte mit der herkömmlichen Exegese Ihrer Kirche?

Drewermann: Ja. Das ist aber ein schwieriges Gebiet, in dem die katholische Exegese durch die Mariologie und durch das Gewicht des Lehramtes an diesen Stellen der Bibel versucht, Positionen zu halten, die auf falschen Alternativen beruhen. Es ist gut, daß wir auf dieses Beispiel zu sprechen kommen, denn es zeigt, wie man die Realität von Symbolen verstehen kann und wohin es führt, wenn man als die eigentliche Ebene von Wirklichkeit nur die äußere Historie gelten läßt. Fallen beide Dinge auseinander, ist die Frage nach der Jungfräulichkeit Marias wesentlich eine Frage der Biologie und der Gynäkologie. Sie finden heute kaum noch Exegeten oder Dogmatiker, die da zustimmen. Das Umgekehrte: Wer sagen würde, die Jungfräulichkeit Marias ist nur ein Symbol, der bewirkt damit für die Mehrheit der Hörer das Verständnis, daß es sich dabei um etwas Phantastisches, Subjektives, also um Unwirkliches handelt. Wir müssen wieder lernen, daß Symbole Realität vermitteln, die anders als in dieser Sprache nicht mitgeteilt werden kann, daß es Wahrheiten gibt, die man nur als Mythos, als Sage oder als Märchen sagen kann. Ehe das nicht wieder eingeübt wird, indem wir die Traumbotschaften wichtig nehmen, das Erbe der psychonalytischen Auseinandersetzung im Sprechen mit Symbolen in die Theologie einbeziehen, werden wir an falschen Alternativen immer wieder scheitern. Es ist für die Exegese so gut wie sicher, daß die Kindheitsgeschichten bei Matthäus wie bei Lukas relativ spät ins Neue Testament gekommen sind, daß es sich nicht um historische Berichterstattung handelt, nicht um biographische Memoiren der Familientradition Jesu, sondern um Glaubensbotschaft. Wenn aber das gilt, dann wird man sagen müssen: Die Weise, wie im Neuen Testament die Menschwerdung des Gottessohns geschildert wird, ergibt sich aus der Erfahrung, die Menschen mit Jesus von Nazareth gemacht haben. Nur derjenige, der bei sich selbst erlebt hat, wie ihm neues Leben geschenkt wird, kann von der Art sprechen, wie der Sohn Gottes lebendig wurde. Nur wer selber wiedergeboren worden ist, indem er ein Leben, das in sich tödlich ist, im Getto von Verzweiflung aufbrechen sieht in ein Feld von Öffnung und Weite, wird sagen können, daß der Mann, durch den das in sein Leben getreten ist, selber nicht ableitbar ist von dem, was Menschen machen können. In der Tiefenpsychologie sieht man das, wenn Menschen solche Phasen der Erneuerung durchmachen, daß sie Träume haben, die äquivalent diesen Geburtsträumen sind. Frauen erzählen, sie haben ein Kind gefunden oder sie haben es zur Welt gebracht. »Und es tat gar nicht weh«, sagte mir noch dieser Tage eine Studentin. Sie wußte nicht, von wem das Kind war, aber sie hatte es sehr lieb. In diesen Bildern sieht man tiefenpsychologisch eine Gestalt des eigenen Selbst. Man wird jetzt sagen müssen, nur wer in der Nähe Jesu gelernt hat, das Kind in sich zur Welt zu bringen, wird verstehen, was die Weihnachtsgeschichten sagen.

Lutherische Monatshefte: Und diesen Konflikt können Sie dann aushalten?

Drewermann: Der Katholizismus hat recht, wenn er auf

der Objektivität der Glaubensinhalte besteht, aber er muß aufhören, die Objektivität der Glaubensinhalte in der äußeren Realität zu suchen, denn da ist sie nicht. Deshalb möchte ich die Tiefenpsychologie hinzuziehen, um zu sagen, es gibt die Objektivität des Psychischen in den Tiefenschichten der Strukturen, des Unbewußten.

Lutherische Monatshefte: Die Tiefenpsychologie scheint für Sie eine Methode zu sein, ohne die eigentlich Theologie heute nicht getrieben werden kann. Was viele bei Ihnen faszinierend finden, ist, wie Sie die beiden in Spannung zueinander stehenden Schulen von Jung und Freud in Ihren Werken zusammenbringen. Sehen Sie eine Chance, bei beiden fündig zu werden?

Drewermann: Die Tiefenpsychologie ist kein Allheilmittel für die Theologie. Sie ist gegen Ende des 20. Jahrhunderts in unserem Kulturraum, wo viele Menschen seelisch geschädigt, entfremdet, verkrüppelt sind, die wichtigste Form, auf seelisches Leid zu antworten. Deswegen die Ernsthaftigkeit, mit der menschliche Tragödien und Leiden in der Psychotherapie beantwortet werden. Wir brauchen auch als Theologen das Wissen und die Erfahrung um den Menschen, die von dort her eingebracht werden können. Ich betrachte die Tiefenpsychologie als ein Instrument zum Verstehen von Entfremdung und seelischem Leid. Die beiden Schulen Jung und Freud gehören dabei zusammen. Einmal, weil man rein pragmatisch mit der Freudschen Psychoanalyse bis zur Lebensmitte arbeiten kann. Danach wird man soviel an Veränderung einem einzelnen nicht mehr zumuten, wenn er und weil er drei, vier, fünf Jahrzehnte schon mit seiner psychischen Konstitution gezeigt hat, leben zu können. Man wird jenseits der Lebensmitte eher C. G. Jung gebrauchen und feststellen, daß die Lebensinhalte der ersten Jahre in sich selber symbolisch waren. Einen Beruf zu lernen, heißt noch nicht, berufen zu sein; Geld zu verdienen, heißt noch nicht, reich zu werden; eine Frau zu heiraten, heißt noch nicht, die Liebe gelernt zu haben; ein Haus zu bauen, heißt noch nicht, zu Hause sein. Alle Dinge, die man getan hat, bis man vierzig war, fangen nach der Lebenswende an, plötzlich noch einmal als Aufgabe, und jetzt innerlich, an einen Menschen heranzutreten.

Von Freud wird man, bezogen auf die Religion, Gewinn haben, wenn man ihn benutzt, um das, was in der Kirche heute unterdrückend, repressiv, autoritär, strukturell gewalttätig, entfremdet, aufgesetzt, unecht, geheuchelt und bizarr ist, zu analysieren und abzuarbeiten. Von Jung wird man lernen, wieviel objektive Berechtigung in den religiösen Bildern liegt, wenn sie gereinigt sind. Insofern wird man die Freudsche Kritik als erste anwenden, die Verzerrung zum Beispiel des Dogmas der jungfräulichen Geburt mit einer total verqueren Sexualmoral, die sie gebracht hat, im Rahmen des Christlichen durchgehen müssen, um dann zu sagen, wie es eigentlich gemeint war. Die Schwierigkeit bei C. G. Jung besteht darin, daß er von gnostischem Sprechen über Gott nicht frei ist. Dieses Mißverständnis tritt sofort auf, wenn Theologen Jung lesen. Er redet die Sprache der Religion und jeder glaubt dann, er spreche wie wir Theologen. Da hilft wenig, daß er gesagt hat, er rede als Empiriker, als Pragmatiker; er will überhaupt nicht von dem Gott der Theologen sprechen, sondern von einer psychischen Größe, von dem Zentralpunkt, an dem psychische Energie sich bündelt. Das soll für ihn Gott heißen. Das hat bei den Theologen endlose Verwirrung verursacht, ließe sich aber richtig verstehen, wenn man wüßte, wie man ›empirisch‹ und ›metaphysisch‹ auseinanderhält. Freud brauche ich, um das Gewicht des Gegenübers einer in sich eigenständigen Person im dialogischen Geschehen von Erlösung zu analysieren. Das geht mit C. G. Jung nicht so gut.

Lutherische Monatshefte: In Ihrer Streitschrift »An den Früchten sollt Ihr sie erkennen« sagen Sie, das Christentum sei keine Lehre. Für einen Priester und Theologen der römisch-katholischen Tradition sicher ein provozierender Satz. Was wollten Sie damit sagen? Gibt es für Sie Christentum ohne Bekenntnis?

Drewermann: Nein. Aber ich verstehe unter Bekenntnis nicht das Hersagen auswendig gelernter Sprachspiele. »Das Christentum ist keine Lehre« ist ein wörtliches Zitat aus Kierkegaards »Einübung im Christentum«. Die Beziehung des Christen zu seinem Erlöser, zu Jesus von Nazareth, ist eine personale, keine intellektuelle Beziehung. Also geht es darum, Erfahrungen zu ermöglichen und zu artikulieren. Es gibt vielleicht das eine oder andere, das man in Form einer allgemeinen Wahrheit abstrahieren kann. Aber selbst die wird man immer wieder zurückfahren müssen auf die konkrete Erfahrung. Begriffe der Theologie haben in meinen Augen so viel an Wert, als sie Erfahrungen deuten. Mir scheint, daß wir längst den Punkt überschritten haben, wo wir Theologen zu uns selber und in Auseinandersetzung mit der eigenen Begriffsgeschichte reden. Es erreicht die Menschen an unserer Seite nicht mehr, selbst wichtigste Begriffe nicht. Zu sagen: Jesus ist der Gottessohn, ist für mich als gläubigen Katholiken eine sinnvolle Aussage, aber ich scheue mich längst, so zu sprechen mit den Leuten, die zu mir ins Gesprächszimmer kommen, die würde ich damit nur vergraulen. Ich sehe, daß die Lehrer in den Schulen so nicht mehr reden können. Was sie tun können, ist, Erfahrungen zu vermitteln, die zeigen, daß die Person Jesu es verdient, ins Zentrum des

Interesses eines ganzen Lebens gestellt zu werden. Es gilt zu merken, daß die Sprachspiele, die wir theologisch aus der Bibel übernommen oder durch die Scholastik aus dem Griechentum entlehnt haben, in sich relativ sind. Die Intellektualisierung des Glaubens hat bedeutet, ein Überzeugungsdefizit zu schaffen, in dem rationale Begriffe keine Überzeugung vermitteln können. Und man hat den Mangel an Vertrauen, den die Kirche dadurch auf sich zog, daß sie über Jesus intellektuell sprechen wollte, immer nur ergänzen, kompensieren können durch den Einsatz von Macht.

Lutherische Monatshefte: Wir haben den Priester Drewermann in der Messe im Gottesdienst erlebt. Sie sprechen davon, daß der kranke Gottesdienst heute vom seelenlos gewordenen Hantieren mit Formeln und Geräten geprägt ist. Sie halten selbst regelmäßig Gottesdienst mit anspruchsvoller Predigt. Ist der kranke Gottesdienst heilbar?

Drewermann: Das ist eine schwere Frage, die ich aus meinem Erfahrungsraum kaum beantworten kann. Ich bin Subsidiar hier in der Kirche, halte mich also an die Gegebenheiten, die in der Pfarrei üblich sind, ohne zu verändern. Ich erlebe freilich auch, daß es in kleinen Gruppen Möglichkeiten gibt, dieselben Dinge in ganz anderer Form zu tun. Ich kann deshalb wenig konkret zu dieser Frage sprechen. Wo es mir deutlich ist, wie Veränderungen möglich sind, ist nicht bei der Abendmahlsfeier, eher bei der Beichte: Die ist mir am zugänglichsten, mit deren Ersatzform, der Psychotherapie, beschäftige ich mich jeden Tag. Das kann ich als Modell benennen, wie sich ein für den katholischen Raum altes, wichtiges Sakrament bis zum Nichtssagen desavouiert hat und wie man es von innen her wieder verändern könnte. Indem man alle Dinge, die man

tut, intensiver aus dem persönlichen Erleben füllt, mehr dialogbereit und offen hält und dann die Elemente überhaupt erst ermöglicht, die man sonst rituell nur abgefahren und dabei den einzelnen unter die Räder gelegt hat.
Ähnliches könnte ich mir vorstellen für die Abendmahlsfeier. Ob man das machen kann mit vierhundert, achthundert Leuten, regelmäßig jeden Sonntag, weiß ich nicht zu sagen; aber daß wir das neu einüben könnten, was Gemeinsamkeit, was Lesen von Texten, was poetisches Einfühlen in Bilder heißt, und wir dabei ins kleine Einmaleins gehen müßten, davon bin ich überzeugt.
Lutherische Monatshefte: Sie schreiben, weder das Katholische noch das Protestantische können jeweils die Wahrheit ganz zum Ausdruck bringen, sondern sie transportieren immer nur Teilwahrheiten. Das Katholische assoziieren Sie oft auch mit dem Begriff der Hörigkeit, der Servilität, aufgezwungener Anpassungsbereitschaft als Negativposten, und im Protestantismus ist vor allem die Bilderfeindlichkeit für Sie ein Kritikpunkt. Worin liegen für Sie die positiven Beiträge von beiden Traditionen?
Drewermann: Die konfessionelle Trennung zwischen Katholizismus und Protestantismus beruht nicht einfach nur auf dem Kulturgefälle von germanischem und romanischem Denk- und Lebensraum, obwohl für diese These manches spricht. Hier spricht sich weit stärker der Gegensatz aus, der in uns selber liegt und der uns bis ins Innerste zerreißt, indem wir auf dem Hintergrund des Mittelalters, des Katholizismus gelernt haben, uns Religion anzueignen durch Einfügung in vorgegebene, objektive Strukturen, eine Wahrheit zu glauben, die als solche besteht. Daran festzuhalten ist wichtig, weil im Durcheinander des eigenen Lebens auch bestimmte Wahrheiten wie verschüttet, nicht mehr zugänglich sind, und es dann lohnt zu sagen,

hinter dem Nebel, hinter den Wolken gibt es aber diese andere Welt, und die steht fest. Man sieht sie nicht, aber man kann sie voraussetzen. Bis dahin glaube ich, daß der Katholizismus als Priesterreligion etwas Wichtiges verkörpert. Es gibt über die individuelle Angst und über die Verwirrung der persönlichen Biographie des einzelnen hinaus Zonen von Geborgenheit, von Wahrheit, von Offenbarung, die Geltung haben.
Auf der anderen Seite hat der Protestantismus als Religion der Neuzeit wesentlich die Krisen, die Aufbrüche, das Leid gesehen und deutlich gemacht und auf das Problem zu antworten versucht, wenn Menschen in den vorgegebenen Ordnungen keinen Halt mehr finden und mit ihrer Angst allein stehen. Dieses Gefühl der Neuzeit setzt sich weiter fort; und die Religionsform, in der mir das verstanden und artikuliert zu sein scheint, ist der Protestantismus. Daraus geht hervor, daß wir in beiden Bereichen voneinander lernen, vor allem geständig darüber sein müssen, daß keine der beiden Konfessionen wahr sein kann, solange sie die andere ausschließt und bekämpft. Es geht um die Ergänzungsbedürftigkeit beider Teile zwischen Bewußtsein und Unbewußtem, zwischen Subjekt und Objekt, zwischen Glaubensvollzug und Glaubensinhalt. Und da muß der Katholizismus vom Protestantismus lernen, daß es keinen Glauben gibt ohne den einzelnen, ohne sein Risiko, seinen Wagemut, seine Tragik, seinen Irrtum, sein Scheitern; ohne dieses ganze Feld des Suchens und des Findens, mit dem Anspruch, daß im Notfall das hundertste Schaf wichtiger ist als die neunundneunzig anderen. Und überall da, wo Menschen leiden, Jesus gegenwärtiger ist als bei den anderen, die der Umkehr nicht bedürfen. Wenn das Protestantismus heißt, hat der Katholizismus daran zu lernen. Das Umgekehrte möchte ich freilich auch betonen, daß es

für den Protestantismus ein Gewinn sein kann, zu sehen, daß man Glauben nicht wegen der Philosophie des deutschen Idealismus in der Ich-Spitze im personalen Bewußtseinszentrum leben kann, sondern daß Glauben ein Integrationsvorgang der ganzen Psyche des Menschen ist, in dem das Bewußtsein getragen wird durch eine Fülle von Bildern, die in den Tiefenschichten der Menschen liegen, ihn mit Gefühlen von Vertrauen erfüllen, und daß es nicht genügt, zu sagen »Herr, hilf meinem Unglauben«, oder verzweifelt zu beten »Ich möchte glauben«, sondern daß man die Hindernisgründe von Angstübertragung, Wiederholungszwang, den Alpträumen der Nächte durchgehen muß, ehe Menschen innerlich zu ihrer Wahrheit kommen.

Lutherische Monatshefte: Die Rechtfertigung des Sünders als Befreiung von Angst: Vieles bei Ihnen erinnert an reformatorisches Denken, obwohl Sie auch kritische Fragen stellen; der Zusammenhang Angst/Sünde, Rechtfertigung/Freiheit, Erlösung/Freiheit, Vertrauen/Freiheit, die Betonung des einzelnen. Lassen Sie sich auf eine geistige Verwandtschaft zu Martin Luther ansprechen?

Drewermann: Ja, seit Jugendtagen. Für mich war der wesentliche Zugang zur Theologie in der Tat Sören Kierkegaard, und der ist nicht zu verstehen ohne den Hintergrund Martin Luther. Ich habe es für mich selber nicht aus den lutherischen Schriften rezipiert. Später dann – zunächst über den »Begriff Angst« bei Kierkegaard, über »Die Krankheit zum Tode« sind mir die Stichworte gekommen. Heute kann ich sagen, daß mir die zentralen Fragen der Reformation den Schlüssel bilden, um christliche Erlösungslehre zu formulieren. Freilich müßten wir heute ein Stück »abgeleiteter« sprechen. Die Frage ist heute sicher nicht: »Wie finde ich einen gnädigen Gott?«, aber an

Not im eigenen Erleben kennen sie dasselbe. Sie fragen nicht explizit nach Gott. Aber wieso bin ich berechtigt, zu leben? Diese Frage finden Sie bei jedem Verzweifelten. Was für einen Sinn hat es, daß es mich gibt? steht im Hintergrund jedes Minderwertigkeitskomplexes. Das Gefühl, überflüssig zu sein, nicht gebraucht zu werden, am Rande zu stehen und nicht zu wissen, wozu. – Am Sinn des Lebens zu zweifeln, ist eine Massenerscheinung in den Hochhäusern, in den Altersheimen, häufig bei Jugendlichen schon, die in einer Welt der Massenkultur leben, die sie als Individuen nicht nötig hat. In unserer Zeit ist die Frage der Rechtfertigung des Daseins entscheidend, nicht die Rechtfertigung gegenüber einem Gesetzesbegriff, an dem gemessen man sündig werden könnte. Wir müssen die Frage der Rechtfertigung existentialistisch wiedergeben. Aber dann hat sie dasselbe Gewicht zum Verständnis der Not unserer Zeit und zum Verständnis dessen, was christliche Erlösungslehre sein könnte, wie in den Tagen Martin Luthers. Wir sprechen dabei nicht ausdrücklich von Gott und seinem Gebot, wir erleben aber das, was Gott will, im eigenen Innern, wenn wir von dem, was wir sein könnten, abweichen. Vierhundert Jahre nach Luther finde ich es skandalös, daß man in der katholischen Kirche immer noch um Verständnis für die existentielle Erschütterung menschlichen Daseins durch Angst förmlich werben muß.

3. Im Dialog mit dem Protestantismus

Das dritte Gespräch mit Drewermann stellt direkte Fragen nach seiner Auseinandersetzung mit Traditionen und mit Positionen evangelischer Theologie. Ein Pfarrer der Evangelisch-Lutherischen Kirche in Bayern, **Hans-Joachim Petsch** aus Würzburg, stellte die hier dokumentierten Fragen für ein Interview, das im Sommer 1990 für den Hörfunk des Bayerischen Rundfunks produziert worden ist.

Drewermann bevorzugt im Gespräch die Nomenklatur Protestantismus / protestantisch, was lediglich durch landschaftlich bedingten Sprachgebrauch zu erklären ist. Seine Wurzeln hat Drewermann im Westfälischen. Drewermann wurde geboren im Juni 1940 in Bergkamen bei Dortmund. Sein verstorbener Vater, von dem er mit großem Respekt berichtet, war protestantisch und preußisch zugleich. Der Vater hatte ein hartes Berufsleben als Wettersteiger im Bergbau. Die Mutter – bewußt römisch-katholisch – hatte einst in Absprache mit dem Ortspfarrer dem 14jährigen Sohn die Nietzsche-Lektüre verboten.

Das Gespräch geht erneut auch auf Sören Kierkegaard und auf Martin Luther ein. Ebenso werden Psychoanalyse, Tiefenpsychologie, Existenzphilosophie und die histo-

risch-kritische Bibelexegese angesprochen. Die ängstliche Frage Luthers nach dem gnädigen Gott wird für die Gegenwart in die Frage nach dem Sinn des Lebens übersetzt. Der Glaube bewährt sich in der Gegenwart in einem tragfähigen Vertrauen. Gnade, ohne die menschliches Leben nicht gelingen kann, wird verstanden als eine Funktion der Zuwendung, von Liebe. Drewermann kommt erneut auf die Angst zu sprechen. Es geht wieder um die quälende Angst, ein Individuum zu sein.
Drewermann macht immer wieder deutlich, daß der geängstigte Mensch jenseits des Glaubens wenig zu lachen hat:

»Nur wer Vertrauen fassen kann zum Sein im Ganzen, wird über den Abgrund des Nichts hinweggleiten können, ohne darin umzukommen, und nur ein solcher wird den Mut finden, sich selber ohne ernsthafte Verdrängungen als ganzes anzunehmen.« (Strukturen des Bösen, Band II, S. 429)
»Erst der Glaube an Gott befähigt den Menschen, die Angst zu überwinden, die ihn daran hindert, sich ohne Verdrängungen und Verleugnungen in allen Teilen seiner selbst zu akzeptieren und sich selber treu zu bleiben.«
(Strukturen des Bösen, Band II, S. 539)

Petsch: Herr Drewermann, Sie sind römisch-katholischer Priester und Theologe. Sie leben und arbeiten in einer katholischen Bischofsstadt, in Paderborn. Ist Ihnen da das protestantische Milieu nicht eher fremd?

Drewermann: Vom Raum Paderborn her wäre es mir fremd, weil die Protestanten südlich des Lippelandes ganz sicher zugewandert sind. Aber mein Vater war protestantisch. In meiner väterlichen Verwandtschaft gibt es zwei protestantische Geistliche und einen protestantischen Studienrat. Insofern kenne ich seit Kindertagen auch den Protestantismus. Ich bin auch selbst auf der ersten Vikarsstelle in einem rein protestantisch-reformierten Gebiet tätig gewesen, wo alle Katholiken schlesische Zuwanderer waren. Ich hoffe, den Protestantismus gut zu verstehen, weil ich ihn vor allem seit Jugendtagen, fasziniert durch den Lutheraner Sören Kierkegaard, vermittelt bekommen habe. Dieser Mann war mir außerordentlich wichtig und ist es bis heute geblieben.

Petsch: Wenn ich es recht sehe, sind für Ihren Ansatz drei Männer aus dem protestantischen Milieu wichtig: Sören Kierkegaard, den Sie gerade erwähnten und den Sie als den letzten wirklichen Propheten des neuzeitlichen Christentums bezeichnen, sowie zwei Pfarrerssöhne: Friedrich Nietzsche und Carl Gustav Jung. Was verdanken Sie diesen drei so unterschiedlichen Denkern?

Drewermann: Sören Kierkegaard verdanke ich vor allem seinen unbedingten Willen zur Ehrlichkeit. Ich glaube, man kann diesen Mann nur lesen, indem man sich an jeder Stelle persönlich in Frage gestellt und herausgefordert sieht. Es gibt bei ihm keine Phraseologie. Es gibt keine faulen Redensarten. Er nötigt mit aller dialektischen Virtuosität den Leser, in ein verbindliches Gespräch einzutreten und selber die Verantwortung dafür zu übernehmen, was dabei herauskommt. Dabei hat er mich gelehrt, daß es jenseits der Ebene des Ethisch-Allgemeinen eine Kategorie gibt, die Kierkegaard beschreibt als die Sphäre der absoluten Forderung dem Individuellen gegenüber. Es ist mög-

lich, daß Abraham etwas tut, das die Moral als Mord bezeichnet, was aber religiös gesprochen ein Opfer ist, als er auf dem Berg Morija von Gott her genötigt wird, seinen Sohn zu opfern. In »Furcht und Zittern« hat Kierkegaard diese Ambivalenz des menschlichen Lebens zwischen der Sittlichkeit und der Religiosität beispielhaft gezeigt.
Ich treffe als Seelsorger, als Priester heute immer wieder Menschen, die vor dieser Frage stehen: Richten sie sich nach dem, was in ihrem Leben aus Tragik und aus Notwendigkeit oft angelegt ist? Wagen sie es, unableitbar auf sich selber zu hören, also etwa darin einzuwilligen, daß ihre Ehe gescheitert ist oder daß sie im bürgerlichen Sinne wie Verlorene sind. Wie weit können sie ihre eigene Verzweiflung bejahen? Wie stark belastet mit der Hypothek ihrer eigenen Kindheit leben? Wie weit haben sie den Mut, etwas zu sein, das nach außen sich sehr schwer vermitteln läßt, das aber ein Recht hat vor Gott und den Menschen? Da hilft mir Sören Kierkegaard mehr als die idealistische Philosophie. Zum andern hat er in Virtuosität gezeigt, welch viele Facetten die Verzweiflung hat. Seine Studie »Über die Krankheit zum Tode« ist in meinen Augen die beste Zusammenfassung der Existenzphilosophie und der Psychoanalyse, wenn man sie noch einmal liest sozusagen von unten her aus der Triebdynamik.
Friedrich Nietzsche verdanke ich vor allem beides: das Erbe Schopenhauers wie den Protest dagegen. Ich glaube, daß diese beiden großen Atheisten Schopenhauer und Nietzsche nicht nur daran erinnert haben, wie tief irrational das menschliche Leben ist, wie irrational auch der Urgrund all dessen, womit wir es zu tun haben, wie aufgeklebt die ethischen und ästhetischen Wertungen sind, mit denen wir die Welt und die Lebenserfahrung überziehen. Es hat mich vor allem an Schopenhauer fasziniert die Güte

und das Mitleid mit den Tieren, der buddhistische Ansatz eines Denkens, einmalig im Abendland. Ich hatte ihn zutiefst vermißt. Ich leide sehr unter einer Kirche, die für die Kreaturen an unserer Seite eigentlich nur Herrschaftswissen übrig hatte, und freue mich über die Erinnerung an die Tiefenschichten der menschlichen Psyche, die bei Schopenhauer zum erstenmal durchbricht.

Nietzsche verdanke ich immerhin den Mut und den Willen, inmitten einer leidvollen Welt nicht zu kapitulieren und zu leben und trotz allem diese Welt wunderbar zu finden. Denn ich glaube, das sie es ist. Ich glaube, daß Leibniz und Schopenhauer gemeinsam recht haben, aber begreifen läßt es sich an dem Künstlertum Nietzsches: der Weltenschöpfer als Dionysos, die Welt als ein rauschhaftes Theater. Mich faszinieren diese Gedanken, obwohl ich mich ihnen gegenüber oft zu schwach fühle. Und es fasziniert mich die Religionskritik Nietzsches. Hundert Jahre danach, glaube ich, haben wir uns vor allem im katholischen Raum immer noch nicht diesem explosiven Aufbruch persönlicher Wahrhaftigkeit wirklich gestellt, schützen uns hinter institutionellen Wänden, die nicht mehr standhalten, leben auf eine Weise verfeierlicht in einer Sprache, die von Nietzsche bis zur Karikatur verhöhnt wird. Wir glauben immer noch, so weitermachen zu können, wie wenn es den Atheismus nicht gäbe. Vor kurzem sagte einmal ein Journalist zu mir: »Ich habe als protestantischer Theologiestudent aufgehört, als ich merkte, ich dürfte niemals wirklich Atheist sein.« Ich frage mich, was machen wir Theologen an der Seite Hiobs, außer daß wir wie Elifas von Teman weiter unsere tradierten Sätze herunterspulen und meinen, damit Gott zu verteidigen, während wir den Menschen im Grunde ersticken unter aller gelehrter Weisheit, die auch am Ende Gott gar nicht hören will.

Schließlich: Von Carl Gustav Jung habe ich gelernt, die Religionskritik und vor allem das psychoanalytische Wissen Sigmund Freuds, von dem ich eigentlich herkomme, zu ergänzen durch eine rechtfertigende, wohlwollende Betrachtung der religiösen Symbole und eine gewisse Weisheit für die Reife des Alters zu lernen. Das hört sich vielleicht komisch an, denn ich werde gerade erst 50 Jahre. Ich glaube schon, daß spätestens ab der Lebensmitte – 45 bis 50 – man zu verstehen beginnt, warum die Psychoanalyse Freuds in der Therapie immer mühsamer funktioniert, während die nach innen gezogenen Interpretationen des Lebens bei C. G. Jung tragend werden können. Jung hat sehr richtig gespürt, daß die Verstandeseinseitigkeit vor allem in der abendländischen Denktradition bis in das Herz der Theologie hinein die Menschen abspaltet, sie unfähig macht zu wissen, was eine psychische Realität ist, und demgemäß sehe ich, daß wir auch als Theologen die größte Mühe haben zu verstehen, daß es Ausdrucksformen gibt wie Legenden, Mythen, Märchen, Sagen, Träume, Visionen, apokalyptische Texte, Wundererzählungen – alles Dinge, die in der Bibel vielfach vorkommen – und die nicht unwahr sind, bloß weil sie der historischen Kritik nicht standhalten, daß es Erfahrungen gibt, die sich nur so aussprechen können wie ein erfülltes Märchen, eine bewahrheitete Legende. Wer diese Ebene der Mitteilung im Menschen zerstört, der verkürzt so viel psychisch, daß er am Ende seelisch zerstört – sogar im Sprechen von Gott oder vom Heil, das durch Christus gekommen ist.

Petsch: Ist es nicht bezeichnend, daß es drei Protestanten sind, die Sie geprägt haben, die ihre protestantische Herkunft allesamt nicht verleugnen können?

Drewermann: Ich glaube, meinem ganzen Gefühl nach bin ich protestantisch. Das heißt, ich verdanke im Kern dem Protestantismus den Aufbruch des neuzeitlichen Bewußtseins mit der Herausforderung des Wissens, was es bedeutet, ein Individuum zu sein, unableitbar also in einer Angst zu stehen, die sich von außen her prinzipiell nicht mehr beruhigen läßt. Ich erinnere nochmals an den Reichstag zu Worms, als Kaiser Karl V. am Ende Martin Luther entgegensagte: »Ich kann nicht glauben, daß ein einzelner Mönch recht haben sollte gegen die gesamte Christenheit.« Aber genau diese Möglichkeit ist der Beginn des Protestantismus. Es gibt keinen Rekurs auf das Allgemeine. Es ist diese Dimension des Prophetischen, daß ein einzelner berufen sein kann, mit seiner Erfahrung alles Äußere zu zerstören, um es nach innen zu ziehen. Dieser Ansatz im Protestantismus ist in meinen Augen absolut richtig, und wir haben im Katholizismus 473 Jahre nach dem Thesenanschlag Luthers immer noch nicht begriffen, was es heißt, Angst zu haben, was es heißt, zwischen Rettung und Verzweiflung hin und her getrieben zu werden, gleichzeitig im Feld der Gottesferne als Sünder – lutherisch gesprochen – und als Gerechtfertigter in einer gebrochenen Welt zu leben, in der wir wissen, wer wir sein könnten, und doch nicht vermögen, zu sein, was wir möchten.

Wir haben kein Feld für das Verstehen des Tragischen. Wir wissen und akzeptieren nicht die Gebrochenheit der menschlichen Existenz zwischen Bewußtsein und Unbewußtem und wir haben diese leidenschaftliche Frage viel zu schnell beamtetermaßen beruhigt, von der Luther ausging: Wie finde ich eine Rechtfertigung meiner Existenz allein aus der Gnade Gottes? Wir hampeln immer noch mit der Beruhigung der ethischen normativen Richtigkeit des Allgemeinen im Katholizismus herum. Wir sagen den Leuten: »Wir in der Kirche haben ein Lehramt, auf das mußt du nur hören, und wir wissen die Wahrheit, wie du leben sollst, du mußt es nur tun. Und wenn du nicht kannst, kommst du zu uns und wir vergeben dir und du kannst von vorne anfangen.« Das macht aus dem menschlichen Leben eine Art ritueller Mechanik, die vielleicht für die Massenpsyche etwas Befreiendes hat, die aber den Menschen verkürzt und also über die Länge der Zeit grausam wirkt. Und so sehe ich den monolithischen Charakter der römisch-katholischen Kirche – vermeintlich ihre Stärke über Jahrhunderte gegenüber den Zersplitterungen des Protestantismus – spätestens jetzt, gegen Ende des 20. Jahrhunderts als das wirkliche Fiasko der römischen Kirche. Die Jugend, die heute aufbricht, wird nur noch etwas glauben, das durch personale Glaubwürdigkeit selber Glauben vermittelt. Anders geht es nicht mehr. Man wird nicht mehr jemandem irgend etwas durch Akklamation und Zustimmung abnehmen, nur weil er ein Amt hat, nur weil er eine Tiara, eine Mitra trägt oder ein feierliches Gewand umhängt, wenn er spricht. Es muß in der Existenz stimmen. Und dieses Wissen ist protestantisch. Das darf im Katholizismus nicht untergehen. Im Gegenteil: Das möchte ich da hineinholen.

Petsch: Nun hat aber der Protestantismus im Prozeß der Neuzeit die historisch-kritische Bibelexegese entdeckt und entwickelt. Sie selbst bezeichneten einmal die historisch-kritische Exegese als ein »Gift mit tödlicher Wirkung für alle Theologie«. Trägt dann nicht der Protestantismus historisch die Hauptlast für den desolaten Zustand der Kirche und der christlichen Religion?

Drewermann: Das ist eine gewisse Tragik und Dialektik in der protestantischen Geistesgeschichte, daß die Konzentration auf die Subjektivität und auf die Wahrhaftigkeit, die den Geist der Neuzeit, seine Unruhe, sein bohrendes Fragen, sein historisches Wissenwollen ausmacht, in der protestantischen Kirche hat Fuß fassen müssen aus den besten Kräften, die in uns leben. Sie müssen ja nur dem entgegenhalten, daß wir im Katholizismus bis 1965 all die Dinge, die da aufbrachen, auf den Index der verbotenen Bücher gesetzt haben, indem wir im Modernisteneid einfach die Rollos heruntergelassen haben und davon nichts wissen wollten. Wir haben heilige Eide geschworen gegen die Wahrheit, die man wissen konnte. Entsprechend ist der Zustand unseres katholischen Kirchenvolkes unter den Kanzeln. Da herrscht ein Fundamentalismus bis zum Aberglauben und also eine ständige atheismusträchtige Spannung für die heranwachsende Jugend, die natürlich, wenn sie Chemie, Biologie, Physik, was auch immer studiert, mit dem Weltbild ihrer Eltern kaum noch zurecht kommt.

Auf der anderen Seite ist es richtig: Der Protestantismus – gerade in der Bibelexegese – hat durch Einbringung des historischen Fragens, beginnend mit der Renaissance spätestens, entdecken müssen, was nicht zu vermuten stand nach etwa 1300 Jahren Väterauslegung der Bibel, daß die Heilige Schrift im Kern kein historischer Report ist. Man hat seit dem dritten, vierten Jahrhundert zunehmend in der Theologiegeschichte das Wesen des Christlichen gegenüber dem Mythos immer wieder darin gesetzt, daß wir eine geschichtliche Religion sind, also nicht in den Phantastereien und Phantasmagorien von Menschen aufgehen. Man hat finden müssen, daß die Bibel zwar geschichtliche Erfahrungen berichtet, aber gerade an den religiös relevanten Stellen nicht historisch überliefert, sondern verdichtet in Bildern erzählt, was Menschen damals erlebt haben und was der heutige Hörer, wenn er tief genug nach innen geht, wieder erfahren kann und soll. Nun sind wir in der ganzen neuzeitlichen Denkgeschichte darauf kaum vorbereitet, wichtige Ansätze in der Romantik einmal ausgenommen, daß es Wahrheiten in unserer Seele gibt, die sich anders aussprechen müssen als im Tatsachenwissen und im rationalen Diskurs. Eben deshalb ist mir die Einbringung der Tiefenpsychologie in die Bibelauslegung so wichtig. Ich sitze im katholischen Raum zwischen zwei Stühlen dabei: Die eine Gruppe schwört immer noch Bultmann ab, hat die gesamte historische Frage seit Lessings Tagen nicht mitbekommen, findet überhaupt keinen »garstigen Graben« zwischen dem historischen Jesus und dem Christus des Glaubens. Das alles wird mit einem Nebel des fundamentalistischen Scheinwissens zugedeckt. Konkret gesprochen: Für den Bischof von Paderborn ist das eine fundamentale Frage, ob der Schoß der Jungfrau Maria nur ein Symbol ist. Er glaubt, daß die Gottheit Christi leugnet, wer nicht an die biologische Jungfräulichkeit Mariens glaubt. Und das geht nun in allen Teilen so weiter: Jesus muß die Wunder im Verbalsinne genauso gewirkt haben, Brote vermehrt haben, das Grab muß am Ostermorgen fotografierbar leer gewesen sein, die Himmelfahrt Jesu gewissermaßen muß astrophysikalisch stattgefunden haben.

Ich kann nicht glauben, daß dies die letzte Auskunft ist, die wir als Kirche geben könnten, ohne daß wir unser Denken endgültig zu Grabe tragen und das Grab sehr voll machen mit Gespenstern. Umgekehrt: Wir sollten lernen, daß es Bilder gibt, die gerade darin wahr sind, viel wahrer sind als die äußere Wirklichkeit, indem sie das Herz des Menschen ergreifen. Nur wer in seinem eigenen Leben verwandelt ist, neugeboren wird, wer spürt aus Geist und Wahrheit, daß er unbedingt lebt gegenüber den Augen Gottes, die ihn meinen und freimachen von jeder anderen Erklärung, woraus er existiert, der hört auf, ein bloßes Kind seiner

Eltern, ein Produkt seines Milieus zu sein. Er erfährt, daß Jesus sich nicht verstehen läßt als Kind des Josef und auch nicht im letzten als Kind der Maria, sondern als Sohn Gottes. Dann sind die Bilder, die sich auch in der Tiefenpsychologie, in der Psychotherapie in Träumen immer wieder melden, in ihrer menschlichen Wahrheit außerordentlich nötig und beeindruckend. Und genauso bei den anderen Bildern. Es ist die Erfahrung jedes Menschen, der es ernst meint, daß er sehr viel mehr zu geben hat, als er glaubt. Man fängt an zu rechnen wie die Jünger mit den fünf Broten und den Fischen, was sie den Menschen mitzuteilen haben, kommen sie nie dazu, der unendlichen Not der Menschen sich auszuliefern. Aber tun sie's, haben sie wunderbar viel mehr, als sie je glauben konnten, und es kommt zu ihnen zurück. Sie selber werden dabei reich. Solche Wunder erlebt man, und die Bilder stimmen alle; aber es ist eine ganz andere Ebene. Mit anderen Worten: Ich glaube, daß wir von seiten der Tiefenpsychologie die Person des Jesus von Nazareth sehr viel tiefer finden und daß die historische Kritik nötig war, um zu erkennen: Gott ist niemals Teil der äußeren, faktischen Welt. Er ist der Hintergrund von allem, was geschieht, und man kann ihn berühren und erreichen in einem Vertrauen, wie Jesus es lehrte. Insofern möchte ich – plakativ gesagt – Bultmann weiterführen, indem ich die existentiale Hermeneutik ergänze durch Tiefenpsychologie, Religionsgeschichte, durch die Bewahrheitung auch des gewissermaßen Heidnischen, und in diesem Anliegen fühle ich mich im Grunde sehr katholisch. Da glaube ich, daß wir zwischen den Methoden im Grunde auch ein ökumenisches Gespräch führen.

Petsch: Ich habe den Eindruck, daß es dem Protestantismus sehr schwer fällt, von dieser gerade angesprochenen Ebene der Verstandeseinseitigkeit wegzukommen, sich zu

öffnen für die Bilderwelt, wie der römische Katholizismus sich umgekehrt schwertut, sich in einer kritischen Außenperspektive selber zu analysieren, wie es der Protestantismus immer vermocht hat. Sie stellen das in Ihren Büchern gegenüber. Ich zitiere: »Der Katholizismus ist trotz seiner Ablehnung der Mythen und der mythenbildenden Kräfte des Unbewußten vor allem durch den Reichtum seiner dogmatischen und rituellen Symbole in einem gewissen Maße mit der Welt des Unbewußten auf matriarchalische Weise verbunden.« Dies zum Katholizismus, während Sie dem Protestantismus ins Gewissen schreiben, daß der Protest gegen die Veräußerlichung der katholischen Kirche zwar prinzipiell und ernst gemeint war, aber dann hat man den Fehler begangen, daß alles, was heidnisch ausgesehen hat, abgelehnt hat und als teuflisch verwarf. Dabei ist ein Christentum herausgekommen, das zu einem »anthropologischen Nihilismus« und zu einem »beispiellosen Wüten gegen sich selbst« geführt hat. Verkürzt gefragt: Katholizismus als die Religion des Es, Protestantismus die Religion des Ich?
Drewermann: Das stimmt ein Stück weit, indem ich mich an die Religionspsychologie von Erich Fromm in diesen Aussagen stark anlehne, der in der Tat den Katholizismus – paradoxerweise – als matriarchalische Form von Religiosität schilderte, den Protestantismus viel eher als Vater-Religion. Ich glaube schon, daß Paul Tillich recht hat, wenn er sagt, der Protestantismus ist eigentlich die Formulierung der Frömmigkeit an der Grenze. Man versteht ihn als äußerste Herausforderung in Einsamkeit, Not und Angefochtenheit. Da gibt es keine anderen Antworten mehr. Leute, die das erlebt haben, sind von Natur aus Protestanten, was immer sie sonst noch sind. Der Katholizismus muß diesen protestantischen Teil in sich aufnehmen.

Aber dann stehen wir vor einem weiteren Problem, das weit zurückreicht in die Geschichte des Christentums selber. Da ist auf der einen Seite der Kampf des Judentums des Alten Testamentes gegen die Welt des Mythos, des Heidnischen. Da wird ein Gott gelehrt in der Reinheit der Bilderlosigkeit, der Erhabenheit über jede Verschmelzung mit der Welt. In dieser Welt ist der Jude Jesus von Nazareth ohne Zweifel groß geworden. Aber nun stehen wir schon auf dem Boden des Neuen Testamentes vor der Frage, wie wir die Botschaft Jesu verstehen, wenn wir sehen, daß die Evangelisten Geschichten von Jesus erzählen, Bilder in die Glaubenssprache an den Jesus von Nazareth aufnehmen, die der Jude Jesus so gewiß nicht geteilt hätte. Ich stelle einfach gegenüber: Im 10. Kapitel des Markusevangeliums verbietet Jesus dem reichen Jüngling, auch nur zu sagen »guter Meister«. »Was nennst du mich gut?« sagt Jesus. Im Kapitel 14 des Markusevangeliums hat offensichtlich eine hellenistische Gruppe, die die Passionsgeschichte gestaltet hat, ihr Bekenntnis zu Jesus als dem Menschensohn und Gottessohn in Kampf und Abgrenzung vom orthodoxen Judentum Jesus selber in den Mund gelegt, läßt den Hohenpriester fragen: »Bist du der Sohn des Allerhöchsten?« Kein Hoherpriester wird historisch je so gefragt haben, und kein Jude wie Jesus wird eine solche Antwort gegeben haben. Die wäre wirklich gotteslästerlich. Aber den Vorwurf, den das orthodoxe Judentum den hellenistischen Gruppen in der frühen Kirche macht, verlagert man jetzt in das Christusbekenntnis hinein und historisiert es, indem man es im Leben Jesu, in die ganze Spannung der Dramaturgie auf Leben und Tod unterzubringen sucht. Und im Gefälle dieses Glaubens Jesus als den Sohn Gottes kommen viele Bilder in die Christologie, in das Sprechen von Geburt und Auferstehung Jesu hinein, die religionsgeschichtlich betrachtet nur sehr mittelbar ihren

Ursprung dem Alten Testament verdanken, gewissen Psalmen, gewissen poetischen Stellen des Alten Testamentes, die man aus dem Mythos des umliegenden Heidentums, dem alten Ägypten vor allem, entlehnt hat, die aber in der frühen Kirche metaphysisch ernst genommen werden. Man kehrt gewissermaßen zurück zu einem Sprechen, das das Judentum bekämpfen wollte. Mit anderen Worten: Das Christentum ist das Ergebnis eines großen synthetischen Prozesses. Religionspsychologisch deute ich das so: Als Christ zu glauben, bedeutet in der Tat beides: im Ich integriert zu sein mit den Antrieben des Es. Ich glaube, daß die Spaltung zwischen den Konfessionen, zwischen Katholizismus und Protestantismus, die Unversöhntheit dieser beiden Strebungen Judentum und Heidentum, Ich und Es, Bewußtsein und Unbewußtes das wiedergibt. Praktisch gesagt: Ich erkenne in der Therapie, in therapeutischen Gesprächen mit Menschen, wie wenig es genügt zu sagen: Glaube doch! Wenn Menschen ein Vertrauen gewinnen, treten sie in ein Feld ein, in dem sie besser hören lernen – auf sich selbst, auf andere Menschen, unverstellter beginnen, die Wirklichkeit zu sehen. Und das alles katalysiert sich, vollzieht sich entsprechend den Bildern, die in ihren Träumen selber sich reinigen.

Man hat mir manchmal vorgeworfen, ich lehrte so etwas wie eine gnostische Selbsterlösungslehre oder ich glaubte im Ernst daran, daß archetypische Bilder oder individuelle Traumsymbole selbstheilend wären. Genau das glaube ich nicht. Ich sehe ganz im Gegenteil, daß die Mechanik des Unbewußten Menschen zum Heil emporheben kann, aber genausogut in den Abgrund von Paranoia und Psychose stürzen kann. Was entscheidet über das eine wie das andere, ist das Vorzeichen eines sich bildenden Vertrauens. In diesem Kreis eines vorgegebenen Seindürfens – theologisch gesprochen: eines Raums von Gnade – läutern sich auch die Bilder und werden dann in der Tat zu Wegzeichen zu sich selber und zum eigenen Ursprung. Ohne diese Bilder vollzieht sich auch der Glaube nicht. Und nun denke ich, daß die Abspaltung, die wir seit fast 500 Jahren im Abendland betreiben, psychoanalytisch widersinnig ist, indem wir protestantisch sagen: Der Glaube selber kann uns retten, und schalten die Bilder aus. Und stellen im Katholizismus eine Bilderwelt den Menschen vor Augen, die nicht das eigene Ich meint und erhebt, sondern herunterdrückt in die Ebene des Kollektiven. Beides müßte eine wirkliche Einheit bilden, und ich sehe darin den Auftrag, der von der Psychoanalyse, der Existenzphilosophie, aber auch von der historischen Bibelkritik her selber an uns ausgeht. Gott ist nie ein Teil des Äußeren, sondern er ist der Ort von Gnade, der uns in unserer Seele und miteinander ganz werden läßt.

Petsch: Protestanten macht vor allem das kirchenrechtliche Denken der römisch-katholischen Kirche zu schaffen. Es blockiert, wie wir es empfinden, den Weg der Einigung. Hier scheinen mir menschliche Bedürfnisse mit einem Rechtsdenken zusammenzuprallen, die den Prozeß der Einigung erschweren. Wie sehen Sie das?

Drewermann: Ich muß Ihnen da leider zustimmen. Ich glaube, daß wir im Katholizismus nicht begriffen haben, wie ergänzungsbedürftig durch das protestantische Prinzip all das ist, was wir tun. Es stimmt nicht, was wir katholischerseits sind, ohne den Protestantismus zu integrieren. Statt dessen haben wir immerhin mindestens verbal im Zweiten Vaticanum so etwas wie Toleranz gelernt, indem wir bereit waren, gütigerweise nach über 400 Jahren der Polemik, anzuerkennen, daß Protestanten überhaupt eine christliche Kirche bilden. Das war schon viel.

Wir sind noch weit davon entfernt zu glauben, daß die Gemeinschaft einer protestantischen Gemeinde um das Abendmahl dem entspricht, was wir Katholiken als Eucharistie lehren und feiern. Und vielleicht läßt sich an diesem Beispiel wieder zeigen, wie weit wir auseinander sind. Es geht um rechtliche Vorstellungen, aber es geht noch viel zentraler, glaube ich, um Mißverständnisse des Eigenen: Wir begreifen in beiden Konfessionen seit Luther, Zwingli, Calvin und der Gegenreformation nicht wirklich, was eine rituelle Realität ist, was eine Wirklichkeit ist, die sich durch Bilder vermittelt, sondern wir haben katholischerweise einen substanzialistischen Glauben an die Gegenwart, an die Realpräsenz Christi und verstehen nicht, daß diese Realpräsenz gebunden ist an einen gläubigen, rituellen Vollzug, in dem das objektiv gegebene Zeichen und die subjektive Frömmigkeit notwendig eine Einheit bilden müssen. Wir können nicht wie Innozenz III. († 1216) sagen, wenn eine Maus an den Altar kommt, empfängt sie den Leib Christi. Das ist verstehbar vielleicht aus der Zeit der Katharerkriege, aber keine sinnvolle Dogmatik mehr im 20. Jahrhundert. Wenn aber der Glaube der Gläubigen die Gegenwart Jesu mit konstituiert, dann hat Zwingli, dann hat Calvin völlig recht, zu sagen, daß wir nur als Gläubige den Leib des Herrn empfangen können. Es läßt sich aber auch die Objektivität des Zeichens nicht ausschließen. Das archetypische Bild und die subjektive Verschmelzung müssen eine Einheit werden im Ritus. Um es im Bild zu sagen: Jedes kleine Kind kann verstehen, daß ein Stück Holz, mit dem es spielt, je nach den Regeln, die es festsetzt, alles mögliche sein kann: sein Püppchen, seine Eisenbahn, sein Schachpferdchen… Wer einem Kind das Stückchen Holz wegnimmt, während es gerade sein Püppchen ist, tut ihm ein viel größeres Unrecht an, als wenn das Stück Holz ihm weggenommen wird zu dem Moment, wo es mit dem Schachpferdchen spielt. Die Regeln, die ein Kind für sein Spiel erfindet, lassen sich jederzeit ändern, die großen Spielregeln in der Dramaturgie unserer Psyche liegen fest, längst ehe wir zu Bewußtsein und Sprache erwachten. Sie sind uns vorgegeben, und in sie hinein taucht jede rituelle Handlung ein. Das müssen wir religionspsychologisch wiedergewinnen oder wir werden zwischen den beiden Konfessionen keine wahrhafte Vertiefung finden, von der wir unsere Gemeinsamkeit her neu bestimmen können.

Das Paradoxe ist, daß wir – Vaticanum II hin und her – die Ökumene katholischerseits im letzten Ernst, glaube ich, nicht wollen. Immer wieder sehe ich auf dem Evangelischen Kirchentag, wie sehr die Mahlgemeinschaft gewünscht und betont wird, und umgekehrt auf dem Katholikentag abgelehnt und verworfen wird. Man glaubt im Ernst katholischerseits, daß die Mahlgemeinschaft nur möglich ist zwischen Katholiken und Protestanten bei voller Glaubensgemeinschaft. Das macht aus dem Sakrament der Begleitung, der Wegzehr für die Wandernden, dem Brot des Elija unter dem Ginsterstrauch die Prämie der Belohnung der Orthodoxie und einen orthodoxen Büttel zum Rechthaben. So kann man das, was Jesus wollte, beim besten Willen nicht verwalten.

Petsch: In Ihrem »Kleriker«-Buch empfehlen Sie Ihren katholischen Amtsbrüdern, die Dichter und Therapeuten zum Vorbild zu nehmen. Mehr noch: Urbild priesterlichen Wirkens ist für Sie der traumnah lebende Schamane. Evangelische Pfarrer und Pfarrerinnen sind von diesem Urbild noch weiter entfernt. Sie engagieren sich statt dessen mehr im Feld des Sozialen und Politischen. Das rituelle Handeln ist Ihnen weithin fremd. Was empfehlen Sie uns als Therapie?

Drewermann: Die Therapie ist sicher für beide Konfessionen die gleiche. Ich habe in meinem Buch »Kleriker. Psychogramm eines Ideals« gerade diese Option eingebracht. Wir Priester müßten, um eine priesterlichere Kirche aufzubauen, selber dem Dichterischen und Therapeutischen näher sein. Der Paderborner Erzbischof findet dies für einen der Hauptmängel an dem »Kleriker-Buch« und hält es nicht für christlich. Tatsächlich aber war Jesus ganz ohne Zweifel in seinem Auftreten ein dichterischer Mensch, indem er den Leuten aus der Seele sprach, nicht in dogmatischen Lehrformeln, sondern in erfahrungsnahen Bildern, die auch die Macht hatten zu heilen. Das müssen wir wiedergewinnen in beiden Konfessionen.
Dann glaube ich, daß der protestantische Protest auch im Politischen – die 68er Bewegung war nicht durch Zufall stark konzentriert in alten protestantischen Hochburgen wie Marburg und Heidelberg – etwas Richtiges trifft in säkularisierter Form. Wir leben ohne Zweifel gesellschaftlich entfremdet. Wir haben eine Zivilisation aufgebaut, die die Dritte Welt und die Natur ringsum verwüstet. Da gibt es die Notwendigkeit eines leidenschaftlichen Protestes. Es darf uns dies aber nicht dazu führen, gewissermaßen die Erlösung der Menschen an den Menschen vorbei zu betreiben. Speziell glaube ich, daß die Seelsorge, die wir heute als Pfarrer in beiden Konfessionen zu leisten haben, Menschen gilt, die die lutherische Ausgangsfrage ›Wie finde ich einen gnädigen Gott?‹ noch einmal auf einem anderen Niveau wiederholen. Die Leute fragen nicht eigentlich nach Gott in ihren Hochhäusern, aber sie wollen wissen, wofür sie leben, wie sie umgehen mit ihrer Einsamkeit als 75jährige z. B., wofür sich ihr Leben gelohnt hat, als sie zu Fuß bis nach Stalingrad liefen. Sie möchten wissen, was man aus ihnen gemacht hat, als ihnen die Frau weglief. Sie

möchten irgendwo spüren, was als roter Faden in all dem Leid erkennbar ist. Und ich glaube, daß die Psychoanalyse uns sehr helfen kann, eine personalgebundene, heilsame Seelsorge zu betreiben, weil sie der Ort ist, an dem menschliches Leid am meisten ernst genommen wird. Ich denke, wenn ich in Sao Paulo oder in Madras leben würde, wäre ich vermutlich Theologe der Befreiung und würde mich stark politisch engagieren. Nun lebe ich aber in Westeuropa, und ich glaube, wir machen es uns in der Kirche zu leicht, in der katholischen speziell, wenn wir Aufrufe unterschreiben für die Demokratie in Chile oder die Abschaffung der Apartheid in Südafrika, d'accord, oder für Greenpeace. In einigen dieser Organisationen bin ich selber Mitglied. Was wir vor uns sehen, im Blick auf die Länder der Dritten Welt, wenn sie Wohlstand und einigermaßen Gerechtigkeit aufgebaut haben, in sagen wir hundert Jahren, vielleicht auch schneller, daß es dann Armut, Nacktheit, Ausbeutung, Auslieferung an den Mitmenschen seelisch noch einmal gibt, Gefangenschaft in einer Weise, die wesentlich komplizierter ist. Und damit haben wir es in Westeuropa bereits zu tun. Darum glaube ich, daß die Einbringung der Tiefenpsychologie in die theologische Denkweise, in die Bibelauslegung, in die Dogmatik, in die Moraltheologie, aber dann natürlich in die praktische Seelsorge uns helfen kann, eine Art von Armut, Gehorsam und auch Reinheit des Herzens zu lernen im Umgang mit Menschen, wie wir sie bisher trotz Freud, trotz Nietzsche, trotz Schopenhauer, trotz C. G. Jung nicht wirklich an uns herangelassen haben, wie sie aber in Jesus ohne Zweifel lebte. Paradox genug: Wir müssen von den großen Atheisten des 18., 19. und 20. Jahrhunderts lernen, wie wir Gott näher kommen können. Es ist das ein Stück Golgatha des Geistes und des Herzens, aber eine Geburtsstunde tieferer Wahrhaftigkeit. Auf die hoffe ich.

Petsch: Mir ist eine gewisse Verwandtschaft zwischen Martin Luther und Ihnen aufgefallen. Einmal haben Sie wie er den Mut, es auch und gerade als einzelner mit Ihrer Kirche aufzunehmen. Zum anderen: Für Luther ist die Gnade der Zentralbegriff. Allein durch die Gnade wird der Mensch als Sünder vor Gott gerecht. Bei Ihnen konzentriert sich alles auf die Liebe. Sie allein überwindet, so sagen Sie, die Angst.

Drewermann: Die Dimension ist hoch gegriffen, schon weil die politischen Voraussetzungen in den Tagen Luthers völlig anders waren als heute. Es gibt durch das, was ich tue, ganz sicher keine organisierbare Lawine des Ausdriftens aus der katholischen Kirche. Das möchte ich nicht. Aber gut, das wollte Martin Luther auch nicht. Ich glaube schon, daß dieses Prinzip der Gnade unbedingt stimmt, daß aber die Kritik, die psychologisch gegenüber Luther vorgetragen wurde, beispielsweise von Erik Erikson oder auch von Friedrich Heer in der »Dritten Kraft«, in dem Punkte stimmt, daß die Liebe etwas ist, zu dem Luther mehr kapitulierend gefunden hat als durch eine wirklich befreiende Entdeckung. Es ist ganz groß zu rühmen an Luther, daß er einen Gott lehren wollte, der nicht mehr ausgegrenzt ist. Die 12. These der »Marburger Artikel« von 1529 sagt: »Es kann jeder Gott nahe sein in seinem Stand« – auch als Mann des Staates nicht anders denn als Ehefrau und Ehemann. Da soll es keine Unterscheidung mehr geben zwischen heilig und profan, zwischen Klerikern und Laien. Es soll eine einzige erfahrbare Welt Gottes geben, die in seinen Händen ruht. Das stimmt. Aber ich glaube, daß es zur Erfahrung der Wahrheit von Gnade keinen besseren Zugangsweg gibt als einen Menschen, den wir lieben dürfen und der in seiner Liebe uns ein Stück vom Himmel auf die Erde holt.

Gnade ist eine Funktion der Liebe, so wie umgekehrt der Mut zur Liebe ermöglicht wird durch ein Vertrauen in die vorgängige Gnade Gottes. Beides läßt sich nicht trennen, aber es stimmt: Mir gibt die Liebe bessere Bilder zum Träumen, stärkeren Mut zum Hoffen und mehr Freiheit zum Glück.

Petsch: Sie sind für viele Menschen – quer durch die Konfessionen – ein Theologe, der ausspricht, was ihre Not am gegenwärtigen Christentum ausmacht, der ihnen wohl auch wieder Mut macht zu einem vertieften Glauben.

Drewermann: Das wäre sehr schön. Ich kann von mir her nur sagen, daß ich glaube, es muß irgendwo ein jeder sich entscheiden. Ein Hauptbedenken gegenüber einer politischen Theologie liegt für mich darin, daß es Wahrheiten gibt, die man politisch nicht mehr definieren kann. Solange man politisch denkt, muß man bestimmte planbare Absichten, instrumentelle Verantwortung üben. Man muß wissen, was man will unter den Voraussetzungen dessen, was man kann. Man muß sich schützen vor den Utopien, vor den großen Hoffnungen, vor den Nicht-Machbarkeiten und man muß alles ins Kalkül dessen bringen, was pragmatisch ist. Das ist geduldig, zäh, menschlich wertvoll und äußerst wichtig, aber es kann nicht alles sein über den Menschen. Die Kunst bereits verläßt den Bereich des Politischen entschieden, indem sie lehrt, etwas Unbedingtes wahrzunehmen, das nicht mehr Teil der instrumentellen Vernunft ist. An diesen Visionen der Kunst mag die Politik eine gewisse Orientierung finden, aber sicher nicht ihren Alltag normieren können. Und noch viel konzentrierter gibt es die Ebene der Bilder, die aus dem Religiösen steigen. Da ist es nicht mehr die Frage, was man wirken will und kann, darf es nicht mehr sein, sondern was wirklich ist und wer man selber wird.

Mich hat sehr angerührt das Schicksal Alexander Solschenizyns, der seinen »Archipel Gulag« schrieb im Wissen, daß es vermutlich in der Sowjetunion nichts ändern wird, ihn zu veröffentlichen. Er hat sich heimat- und wurzellos gemacht durch dieses Werk. Michail Gorbatschow ist sicher nicht zurückzuführen auf Alexander Solschenizyn. Er hat aber sein folgenschweres Buch »Archipel Gulag« trotz aller Gefahren schreiben müssen, einfach weil es eine menschliche Wahrheit widerspiegelt. Er hätte sich von jeder Systemtheorie erklären lassen können, daß es nicht möglich ist, irgend etwas an einem Gesellschaftszustand zu verändern außer in ganz geringfügigen Bereichen des Repertoires des Systems. Alles andere überdehnt die Möglichkeiten. Ein Künstler, ein wirklich religiöser Mensch, ein Prophet darf sich mit diesen Auskünften nicht zufrieden geben. Er muß sich auf eine Sphäre einlassen, in der die Frage »Was folgt denn nun?« zum Sekundären wird. Und wirklich zu sein, glaube ich, ist die Kunst, die wir bei Jesus lernen können und bei all den Menschen, die wirklich groß sind. Sie tun einfach die Wahrheit, die sie spüren, heute und sie warten nicht bis morgen. Sie sind in diesem Sinne Pragmatiker. Und was dabei herauskommt, wenn man das Vaterunser wirklich betet, ist nicht so wichtig: »Unser tägliches Brot gib uns heute.« Viel mehr brauchen wir nicht.

Bibliographischer Hinweis auf die wichtigsten Arbeiten von Eugen Drewermann

»Strukturen des Bösen«, drei Bände, 1977 und 1978, Verlag F. Schöningh, Paderborn.

»Grimms Märchen tiefenpsychologisch gedeutet«, zehn Bände, seit 1982ff., zusammen mit Ingritt Neuhaus, Walter-Verlag, Olten und Freiburg i. Br.

»Psychoanalyse und Moraltheologie«, drei Bände, 1982, 1983, 1984, Matthias Grünewald Verlag, Mainz.

»Das Eigentliche ist unsichtbar. Der Kleine Prinz tiefenpsychologisch gedeutet«, zusammen mit Ingritt Neuhaus, 1984, Verlag Herder, Freiburg i. Br.

»Tiefenpsychologie und Exegese«, zwei Bände, 1984 und 1985, Walter-Verlag, Olten und Freiburg i. Br.

»Markusevangelium«, zwei Bände, 1987 und 1988, Walter-Verlag, Olten und Freiburg i. Br.

»An ihren Früchten sollt ihr sie erkennen. Antwort auf Rudolf Pechs und Gerhard Lohfinks ›Tiefenpsychologie und keine Exegese‹«, 1988, Walter-Verlag, Olten und Freiburg i. Br.

»Ich steige hinab in die Barke der Sonne. Alt-Ägyptische Meditationen zu Tod und Auferstehung in bezug auf Johannes 20/21«, 1989, Walter-Verlag, Olten und Freiburg i. Br.

»Kleriker – Psychogramm eines Ideals«, 1989, Walter-Verlag, Olten und Freiburg i. Br.